MW00880472

EXPOSIÇÃO DO VISCONDE DE MAUÁ AOS CREDORES DE MAUÁ & C. E AO PÚBLICO

Barão de Mauá

2024

Exposição do Visconde de Mauá aos Credores de Mauá & C. e ao Público

POR

BARÃO DE MAUÁ

ORIGINALMENTE

TYP. IMP. E CONST. DE J. VILLENEUVE & C.

RIO DE JANEIRO

1878

EDIÇÃO

2024

POR

SOFIA PUBLIHSER

Esta obra encontra-se em domínio público. Originalmente publicada por Typ. Imp. e Const. de J. Villeneuve & C., Rio de Janeiro, 1878.

Título:

EXPOSIÇÃO DO VISCONDE DE MAUÁ AOS CREDORES DE MAUÁ & C. E AO PÚBLICO

Autor:

Irineu Evangelista, o Barão de Mauá
(1813–1889)

Editado e Revisado por:

Sofia Publisher, 2024

Sumário

Exposição

Na primavera da vida havia eu já adquirido, por meio de infatigável e honesto labor, uma fortuna que me assegurava a mais completa independência.

Um dos melhores tipos da humanidade, representado em um negociante inglês que se distinguia pela inteira probidade da velha escola de *moralidade positiva*, depois de provas suficientes da minha parte em seu serviço, escolheu-me para Sócio Gerente de sua casa, quando era eu ainda *imberbe*, pondo-me assim, *tão cedo*, na carreira comercial, em atitude de poder desenvolver os elementos que por ventura se aninhavam em meu espírito. Bastaram vinte anos de atividade sem repouso, além do preciso para recuperar a perda de forças, que o lidar continuo, acompanhado da necessária meditação, opera no organismo que suporta a pressão dessas lides, para assegurar-me uma *renda* superior a 50 contos anualmente, se fora o capital empregado nos títulos mais bem garantidos que nosso país possui, ao liquidarem-se as transações de um forte comércio de importação e exportação de cujo movimento me constitui o centro, além do quinhão *proporcional* que a outros sócios tocará em partilhas.

Tal era a minha posição na ocasião a que me refiro, e vão contados 32 anos. Não me fora preciso até então nodoar meus dedos com tinta, escrevendo petição alguma a nenhum representante de autoridade administrativa do meu país.

Já que, ao engolfar-me em outra esfera de atividade, possuía eu uma fortuna satisfatória me convidava a *desfrutá-la*.

Travou-se em meu espírito, nesse momento, uma luta vivaz entre o egoísmo, que em maior ou menor dose habita o coração humano, e as ideias generosas que em grau elevado me arrastavam a outros destinos, sendo a ideia de vir a possuir uma grande fortuna, questão *secundária* em meu espírito, posso dizê-lo afoitamente, com a mão na consciência e os olhos em Deus.

Não preciso dizer-vos que errei, e errei grosseiramente a vós, credores do Banco Mauá & C., que suportais comigo as consequências do erro que cometi optando por uma nova vida de atividade sem exemplo em nossa terra, e muito rara em outros países, aonde *outros elementos* auxiliam os esforços da iniciativa individual vigorosa para alcançar altos propósitos, em bem dos interesses gerais, que eu *afianço* ter sido o pensamento *dominante* que atuou

11

em meu ânimo, rodando todas as outras considerações *muito abaixo desse nível.*

Tem-se o direito de ser acreditado na hora mais amarga da existência, quando se acham destruídas pela metralha assoladora do infortúnio todas as aspirações; quando a realidade interpõe sua autoridade, afastando da mente todas as ilusões; quando um espirito filosófico (no verdadeiro sentido da palavra), guiado por uma razão assaz clara para apreciar o que vale, e para o que serve a habitação terrestre, no inverno da vida, mede a sangue frio o curto espaço que medeia entre o presente e um futuro tão próximo, que exclui apreciação do que ele pode dar.

Não é nesta hora solene, em que a vítima de um grande e não merecido infortúnio vem dar explicações aqueles que têm o direito de exigi-las, que eu me lembraria de fazer uma narrativa infiel dos fatos com que julgo do meu dever ocupar vossa atenção, quando a verdade aliás tem sido o escudo que me tem amparado em todas as vicissitudes de uma longa vida. Na nova esfera de trabalho, a que a força do destino me arrastou, coube-me em partilha intervir na realização de muitos e importantes cometimentos.

Não é por certo a fatuidade, que seria na verdade ridícula nas circunstâncias em que me vejo colocado, que me induz a recordar serviços prestados ao país e obriga-me a entrar na apreciação de alguns atos de que fui instrumento, deixando ainda em silêncio muitos que podiam aparecer com vantagem, uma vez que atuaram indiretamente na vida financeira e econômica do Brasil.

Limito-me aos que têm bastante notoriedade pública, provocando abertamente sobre eles qualquer contestação, a fim de responder cabalmente aos impugnadores, enquanto a fria lousa não cobre os restos fatigados que servem de invólucro a alma de um ente, que teve durante toda a vida como sua maior aspiração fazer algum bem e que arrojado agora da posição em que desempenhava essa missão, se vê atirado ao banco dos acusados!

A explicação das causas que possam ter influído no desastre, que eu considero grande, porque não sou o único que sofre, e os interesses de terceiros afetados tocam-me no fundo da alma.

Em tais circunstâncias, a explicação é ao mesmo tempo um direito e um dever, e sendo certo que nem todos esses cometimentos tiveram resultado favorável, tornar bem conhecidas as causas que atuaram, é outro direito e outro dever, pois ambiciono ser julgado pela verdade verdadeira, e não pelas interpretações da maledicência.

Na idade avançada em que me acho, em presença do acontecimento que motiva esta exposição, realizado pelo modo por que foi resolvido, não posso ter outro objeto em vista senão salvar do naufrágio aquilo que para mim vale mais do que quanto ouro tem sido extraído das minas da Califórnia — um nome puro, pois persisto em acreditar que o infortúnio não é um crime.

Entre as empresas que criei e as que tiveram existência devida aos meus esforços e a auxílios que lhes prestei — como alguns serviços de vulto, quer pessoais, quer os que se basearão no meu crédito pessoal, e ulteriormente nos recursos da casa Mauá durante o segundo período da minha vida financeira, que começou há 32 anos, nem todos foram acompanhados de resultado favorável, e o histórico daqueles de que vou ocupar-me o deixará provado.

Quanto o permite a recordação possível em momento de tamanha atribulação, a marcha cronológica dos fatos a que me refiro foi a seguinte:

Estabelecimento da Ponta da Areia.

Companhia de Rebocadores para a barra do Rio Grande.

Companhia de Iluminação a gás do Rio de Janeiro.

Serviços prestados a política do governo imperial no Rio da Prata, a pedido dos ministros.

Companhia Fluminense de Transportes.

Banco do Brasil (anterior ao atual).

Companhia da Estrada de ferro de Petrópolis (vulgo Mauá).

Companhia Navegação a Vapor do Amazonas.

Serviços prestados a organização da Estrada de Pernambuco em Londres.

Serviços prestados a realização da Estrada de ferro da Bahia.

Companhia Diques Flutuantes.

Companhia de Cortumes.

Companhia Luz Esteárica.

Montes Áureos Brazilian Gold Mining Company.

Estrada de ferro de Santos a Jundiaí.

Serviços prestados à Companhia da Estrada de ferro de D. Pedro II.

Serviços prestados ao caminho de ferro da Tijuca.

<u>Exposição aos Credores e ao Público</u>

Botanical Gardens, Rail Road Cy.

Exploração da Estrada de ferro do Paraná a Mato Grosso.

Cabo Submarino.

Abastecimento de água a capital do Império.

Estrada de Ferro do Rio-Verde.

Banco Mauá & C. e suas ramificações dentro e fora do país.

Serviços prestados à agricultura.

Nem esta lista é completa, nem são ali contemplados serviços menos diretos prestados aos esforços de outros no sentido de levarem avante melhoramentos materiais do país, em que não apareci, que seria longo enumerar.

As verbas que vou analisar constituem, pois, uma parte de um grande ativo de fatos praticados durante 32 anos, decorridos depois que eu tive a fraqueza de deixar-me arrastar por ideias em que o bem público ou o progresso do país tinham o predomínio. — A necessidade de entrar nessa apreciação agora, apesar de serem tão pouco favoráveis ao exercício das faculdades intelectuais os momentos de angústia que atravesso, é palpitante; a simples nomenclatura de fatos de tal ordem nada explica, pois trata-se de destacar desses fatos a influência que eles exercerão nas finanças da casa Mauá, para bem ou para mal, a fim de que o seu conjunto estabeleça à contraprova que faça desaparecer as impressões injustas que a malevolência, com que sou perseguido há muitos anos, possa ter criado.

Não me proponho a fazer praça de serviços prestados, porém a restabelecer a verdade dos fatos, explicando-os devidamente, e dando lugar a que meus inimigos gratuitos compreendam a enormidade de sua conduta, ou, se ainda continuarem em seus iníquos propósitos, venham impugnar qualquer desses fatos.

Começarei as apreciações em que vou entrar pelo Estabelecimento da Ponta da Areia.

Estabelecimento da Ponta da Areia

Visitando pela primeira vez a Inglaterra em 1840 no período da atividade comercial a que me referi, no caminho de Falmouth para Londres tive de afastar-me rota mais curta, a convite de um companheiro de viagem (o falecido João Morgan), para visitar um grande estabelecimento de fundição de ferro e maquinas, em Bristol que pertencia a firma de seu irmão. Era precisamente, o que eu considerava como uma das necessidades primárias para estimular a indústria propriamente dita no país; por isso aceitei com gosto o convite.

Era já então, como ainda é hoje, minha opinião que o Brasil precisava de alguma indústria dessas que podem se desenvolver sem grandes auxílios para que o mecanismo de sua vida econômica possa funcionar com vantagem; e a indústria siderúrgica, sendo a mãe das outras, me parecia o alicerce dessa aspiração.

Causou-me forte impressão o que vi e observei, e logo ali criou-se em meu espírito a ideia de fundar em meu país um estabelecimento idêntico; sendo que a construção naval fazia também parte do estabelecimento a que me refiro.

Quando tive o pensamento de mudar de rumo na direção de minhas ocupações, foi a primeira ideia que tratei de realizar — entendendo-me previamente com o então ministro do Império (o conselheiro Joaquim Marcellino de Brito) sobre o encanamento das águas de Maracanã, que estava resolvido, serviço que me foi por S. Ex. Garantido.

Com essa base comprei parte do que então já se chamava Ponta da Areia e; dei-lhe logo grande desenvolvimento, a ponto de, já no fim do primeiro ano, representar o estabelecimento quatro vezes o capital empregado inicialmente, o que, desequilibrando minhas finanças, porque a liquidação, de antigos empregos era vagarosa, obrigou-me a pedir às câmaras o primeiro empréstimo de 300 contos para o estabelecimento, o qual me foi prontamente concedido, tendo sido dividido o reembolso ao Estado em onze prestações anuais com os mesmos juros que o Estado pagava-o que foi religiosamente cumprido, achando-se a dívida e os seus juros pagos dentro do prazo.

Pouco tempo antes, porém, tudo mudara em relação ao estabelecimento. A legislação sobre artefatos de ferro se foi modificando. Navios a vapor e alguns de vela, dos quais a Ponta da Areia conseguira fornecer (72 nos primeiros onze anos de sua existência), tiveram ingresso livremente no Brasil! Da mesma forma entraram maquinários a vapor e ainda outros, de sorte que a concorrência com os produtos similares do exterior tornou-se impossível e o estabelecimento decaiu.

No entanto havia eu, aproveitando-me de um momento em que o espírito de associação dera alguns passos para a frente, convertido o estabelecimento em uma companhia, ficando o capital investido nessa época (1.250 contos) representado em ações — guardando eu, porém, dois quintos das mesmas.

Dezoito meses mais tarde pavoroso incêndio devorava a quase totalidade dos edifícios.

Nessa ocasião cometi um grande erro, em vez de contentar-me com o prejuízo (500 contos) além de um valor maior em moldes — pouco menos de metade dos lucros que havia auferido — e deixando que os novos interessados sofressem a perda proporcional que lhes tocava, procurei dar nova vida ao estabelecimento industrial e até consegui do corpo legislativo novo empréstimo com as mesmas condições anteriores, que teve de ser pago integralmente por mim em seus vencimentos, tendo em vistas a impossibilidade do estabelecimento entrar com qualquer parte.

Infelizmente o período de prosperidade até aquela é percorrido fazia pesar sobre mim o que em nossa terra se chama inveja e o vento maligno da calúnia soprava rijo sobre todos os meus passos. Restaurando-se as oficinas com dispêndio mais do que dobro em relação à quantia obtida do Estado, achavam-se elas preparadas para produzir em grande escala os mais variados produtos, porém falharam em sua totalidade as encomendas do governo, e a demanda da iniciativa privada era mínima, de tal forma que foi preciso encerrar as atividades.

A tenacidade que Deus plantou em minha alma era, porém, indomável. Visitando a Europa posteriormente, e observando nessa classe de estabelecimentos o aumento de serviço que desempenhavam os braços mecânicos — impelidos pela força do vapor – resolvi fazer nova tentativa para pôr em movimento o grande estabelecimento.

Vão esforço! O trabalho não acudiu, e concluída uma canhoneira que ali se fabricava por conta do Estado, fui forçado a fechar as oficinas com prejuízo avultado além daquele que já fora suportado. Os gritos da inveja e da maledicência ficaram satisfeitos e o grande estabelecimento industrial morre! A legislação aduaneira não lhe permite viver mantendo-se apenas pequenas fábricas de consertos que têm empregado capital insignificante. Em vez de lucro, esta ideia favorita de épocas felizes e que afaguei com tamanha perseverança, desfalcou minha fortuna em mais de mil contos, além do prejuízo que outros interessados suportaram.

Companhia de Rebocadores a Vapor para o Rio Grande

Visitando a minha província natal, alguns anos depois de montado o estabelecimento da Ponta da Areia, tive de reconhecer que a barra, por onde se opera a totalidade do comércio lícito de importação e exportação, sem um possante rebocador continuaria a ser o sorvedouro de navios: — reuni, pois, os principais negociantes, e fazendo-lhes ver que, embora com pouco benefício direto, não contemplariam seus interesses se deixassem de auxiliar a ideia, e que eu tomaria as ações que fossem subscritas.

Participaram os negociantes da cidade do Rio Grande com a maior parte do capital necessário, subscrevendo eu o resto, e em curtos meses ali apareceu um dos melhores vapores de sua classe que havia adentrado a barra da província, construído na Ponta da Areia sem benefício.

Infelizmente não deixava lucro o serviço dos reboques e cansando-se os outros participantes do projeto, encarregaram-me de vender o navio ao próprio governo, o que foi fácil, sendo como era uma excelente embarcação a vapor Rio Grande; assim terminou essa pequena empresa sem maior prejuízo para os sócios.

Companhia Iluminação a Gás do Rio de Janeiro

Entre as companhias que criei foi esta uma das que mais prosperou: daí a guerra do costume. Desgraçadamente entre nós entende-se que os empresários devem perder, para que o negócio seja bom para o Estado, quando é justamente o contrário o que melhor atende os interesses do país.

Basta dizer que o resultado favorável anima a criação de outras empresas E nem faltou tal incentivo neste caso; pois no fim de alguns anos, reconhecendo-se que era lucrativa a empresa, não faltaram proponentes para a Bahia, Pernambuco, Maranhão, Pará S. Paulo, Rio Grande do Sul, e não sei se mais alguma outra província do Império. No entanto, a lógica abstrata falhou como sucede quase sempre em questões de finanças. Se tal preço é bom para o Rio de Janeiro, por que o não será para outras localidades? Esse preço e daí para cima foi a base de todos os outros contratos.

Qual foi o resultado! Dividendos insignificantes para uns e nenhum para outros; noutras palavras, a depreciação ou a ruína dos capitais empregados! É, no entanto, esses cálculos foram apreciados por capitalistas e por engenheiros na Europa!

Vamos, porém, a empresa cuja posição financeira tive de criar. Contratado por mim em 11 de março de 1851 o primeiro perímetro da iluminação que abrangia o centro em que maior consumo devia esperar-se (31 milhas), pelo preço de 27 réis por hora, ou 9$000 por mil pés cúbicos, que me pareceu, depois de bastante estudo, preço remunerador, procurei associados. Não encontrei um só!

Foi só depois de 25 de março de 1851, em que a luz do gás mostrou o seu brilho em algumas ruas e praças da capital, que pude conseguir a organização da companhia, sendo subscritas apenas cerca de metade das ações; e ainda assim com condições onerosas para mim — tais como preço fixo para todas as obras que o contrato impunha (que foi largamente excedido) e o juro de 6 % aos capitais alheios até a conclusão delas.

Finalmente, desenvolvendo-se o consumo, a empresa prosperou e eu julguei de conveniência para os interesses dos acionistas estender a iluminação a outros bairros da cidade, e novo contrato foi assinado.

Assegurada a prosperidade da companhia pela marcha do tempo, foi a empresa transferida para Londres, com vantagem dos capitais engajados, continuando na posse proporcional de ações os acionistas que assim preferiram e abandonando eu todas as vantagens excepcionais que o contrato original me garantia; eis o histórico da empresa brasileira.

A empresa inglesa não foi menos feliz; ela estendeu pelas ruas da capital 200 milhas de encanamento geral, que fornece profusamente a bela luz a quem dela queira se utilizar e ter o privilégio do melhor e mais barato, pois ainda hoje é preferida a todos os outros agentes ou elementos conhecidos que fornecem luz, e que livremente concorrem.

Antes de concluir minhas observações sobre esta empresa, seja-me permitido trazer ao conhecimento do público um fato que a ela se prende e cuja importância ninguém poderá desconhecer.

Desde que o estabelecimento da Ponta da Areia ficou montado para produzir em grande escala, havia-me eu aproximado dos homens de governo do país em demanda de trabalho para o estabelecimento industrial, cônscio de que essa proteção era decida, mormente precisando o Estado dos serviços que eram solicitados, em concorrência com encomendas que da Europa tinham de ser enviadas, e já foi dito quanto o estabelecimento prosperou no período em que essa proteção lhe foi dada. As relações adquiridas então puseram-me em contato com quase todos os homens eminentes do governo, dos quais de quase todos mereci atenções, e de alguns fui amigo sincero, merecendo-lhes igual afeto. Em 1851 compunha-se o ministério em sua totalidade de homens de Estado que me tinham o mais alto apreço. Declarando eu, em conversa, a um dos ministros, que fazia estudo havia meses sobre questão da iluminação a gás da capital, fui informado que *uma proposta* se debatia, em conselho de ministros, e estavam mesmo a ponto de ser assinadas as respectivas condições de contratação, sendo uma delas, o preço de 31 réis por hora de iluminação.

Como se tratava de um serviço público, declarei-me desde logo *concorrente*, e assegurei que minha intervenção importaria não pequena economia aos cofres públicos e a bolsa dos particulares, segundo os *dados* de que já estava de posse. Asseguraram-me que minha proposta pelas garantias de execução seria preferida e que só lhes restava a *dificuldade* de desembaraçarem-se do outro proponente, que felizmente está vivo; alguém mais sabe do fato, além de que nos papéis velhos da secretaria da justiça, talvez exista a *outra proposta*. — Assim colocado em relação a esta empresa, era-me fácil obtê-la fazendo *qualquer concessão*.

Concluídos, porém, meus estudos em poucos dias, apresentei minha proposta fixando o preço de *27 réis* por pé cúbico. Mostrou-se o Sr. conselheiro Eusébio de Queiroz altamente satisfeito, qualificando em termos honrosos para mim — o meu procedimento. — Em poucos dias fui chamado a secretaria da justiça em hora adiantada da tarde pelo Sr. conselheiro Eusébio, achando-se presente um Sr. doutor em medicina, que suponho fora consultado sobre as condições científicas do contrato; aceitei-as todas, e o assunto ficou resolvido.

O que, porém, escapa à compreensão da maioria é que esses 4 réis por hora de iluminação, multiplicados pelos 25 anos de consumo do artigo, acumulando-lhe os competentes juros semestrais, como é de boa prática mercantil, eleva a cifra poupada ao Estado, e aos consumidores, ou, noutras palavras, *ao país*, a mais de *doze mil contos*!

Vão estas observações em translado aos que vociferam contra a empresa, e contra o seu fundador, depois que se soube que era lucrativo esse emprego de capital, e cada um que diga em sua consciência se foi ou não um grande serviço que tive a fortuna de prestar ao país apresentando tão oportunamente proposta mais vantajosa.

Serviços Prestados à Política do Brasil no Rio da Prata

Passaram-se anos desde que a revolução do Rio-Grande foi dominada, não pelas armas, mas sim, por um apelo ao patriotismo dos briosos Rio-Grandenses que se haviam empenhado nessa luta fratricida por erradas apreciações, e devido, por ventura, à imprevidência dos que empunhavam o leme do Estado na época.

Depondo as armas, dizia o chefe militar da resolução em sua proclamação aos que o acompanhavam: — "Um poder estranho ameaça a integridade do Império; em tais circunstâncias, somos todos brasileiros".

Nobres palavras que denunciavam o móvel de que se fizera uso para conseguir aquele resultado. — Desde então o poder absorvente de Rosas não nos deu trégua com sua política inquietadora, conseguindo, porém, o seu hábil ministro nesta corte, o general Guido adiar qualquer manifestação declaradamente hostil, enquanto melhor preparava o ditador seus elementos de ação, iludindo-nos a ponto de ser desaproveitada aquela ocasião oportuna de fazer baquear o elemento pessoal infenso que nos ameaçava.

O ministério, de que fazia parte o grande homem de Estado Paulino José Soares de Souza, depois Visconde de Uruguai, cabeça política como não temos tido meia dúzia desde a separação da mãe pátria, compreendeu a gravidade da situação, e tratou de quebrar a força dos elementos que se preparavam para hostilizar-nos. Desde o começo de 1850, acompanhei todas as evoluções da política do Brasil no Rio da Prata, pela confiança com que me honravam os Srs. Ministros.

Em meados desse ano declarou-me o Sr. Conselheiro Paulino que, posto a atitude da legação argentina se tornasse cada dia mais pronunciada, o Brasil não estava preparado para "aceitar a luva", e cumpria ao governo reunir, sem fazer barulho, os elementos precisos para dar o golpe, afim de não nos vermos empenhados em uma guerra duradoura, que seria funesta as finanças do Império.

S. Ex. me fez saber que, abandonado o governo da praça de Montevidéu pela França, embora fossem minguados os recursos que lhe eram ministrados, inevitável seria sua queda e completar-se-ia o domínio de Rosas na república, perdendo o Brasil a sua base de operações na guerra inevitável que se aproximava. Que era preciso a todo o transe sustentar a praça com recursos financeiros, enquanto não estava o Brasil preparado para fazer a guerra

— e que o governo confiava em mim para prestar os auxílios indispensáveis como suprimentos por mim feitos.

O tratado secreto com o representante do governo da praça nesta corte estabeleceu a importância desses auxílios, que foram por mim fielmente entregues, sem que a menor partícula de benefício daí me proviesse. Bem pelo contrário, reconhecendo que os recursos fornecidos não bastavam para conseguir o fim que se tinha em vista, e seguro de que o governo imperial, não podia recuar, tendo eu nessa época sobra de recursos, tratei de auxiliar eficazmente a defesa da praça, com recursos que bastassem, não certamente com o juro arbitrado pelo governo imperial para seus empréstimos, porém com modico juro relativo, desde que era o mínimo corrente em Montevidéu, sendo meu pensamento concorrer para o triunfo da política do Brasil no Rio da Prata.

Preparado o Brasil para fazer a guerra, moveu as suas forças de mar e terra, e em poucas semanas tinha baqueado o poder tirânico, que com mão de ferro dominara durante vinte anos ambas as margens do Prata, e nos ameaçava ousadamente.

Ao terminar a guerra achei-me comprometido com uma enorme soma ao débito do governo oriental econômico da república, que tive de apreciar nessa ocasião representando um verdadeiro cadáver, causou-me sério receio de a perder. Tive em seguida de entranhar-me nas veias econômicas enfraquecidas dessa sociedade, criando-me os perigos que em 1868 produzirão o primeiro choque violento na posição da casa Mauá.

Ao pecado original, de ter posto pé nesse país, fui sem dúvida arrastado por motivos nobres. As inspirações do patriotismo, quando são guiadas pelo entusiasmo, não conhecem limites aos sacrifícios; só pode compreender a força desse sentimento aqueles que o possuem entranhado em sua alma e são poucos os que o sentem deveras. Na época em que dei esses passos as sobras do meu ativo punham-me a coberto de qualquer eventualidade.

Companhia Fluminense de Transportes

Nada tive que ver originariamente com a organização desta empresa, que aliás em seu começo parecia satisfazer uma das necessidades da viação urbana, que prometia vantajoso resultado ao capital empregado.

Fossem, porém, quais fossem as causas, em poucos anos reconheceu-se nela um desastre financeiro, e não podendo eu resistir a pedidos de influências da época, tive de vir em seu auxílio com capital igual ao que se havia despendido, encarregando-se de lhe dar vida um amigo em quem eu confiava.

Vão esforço! No fim de alguns anos tive de carregar com a máxima perda que o mau resultado evidente dessa tentativa acarretou.

Pouco foi o que se pôde salvar da liquidação resolvida pelos acionistas e perdura um prédio, que, por não ter tido oferta aceitável, ainda não foi vendido, e hoje se acha arrendado a outra empresa.

Banco do Brasil
(Anterior ao Atual)

A ação vigorosa e vontade decidida do ministério, que conseguira o triunfo do Brasil no Rio da Prata, desviando o perigo de que estávamos ameaçados, foi a mesma que algum tempo antes conseguira pôr termo ao contrabando de Africanos.

Acompanhei com vivo interesse a solução desse grave problema; compreendi que o contrabando não podia reerguer-se, desde que a vontade nacional estava ao lado do ministério que decretava a supressão do tráfego.

Reunir os capitais, que se viam repentinamente deslocados do ilícito comércio, e fazê-los convergir a um centro donde pudessem ir alimentar as forças produtivas do país, foi o pensamento que me surgiu na mente ao ter a certeza de que aquele fato era irrevogável.

Apresentei-me, pois, em campo com a ideia de criar uma grande instituição de crédito. Brusca e violenta oposição assaltou-me por todos os lados; compreendi que se tratava dos vencimentos dos cargos de diretores. Fiz um movimento ousado alterando os estatutos e tornando esse cargo não remunerado. Foi água na fervura! Os pretendentes que formigavam retiraram-se da arena e consegui formar uma diretoria composta dos melhores nomes da praça, como é sabido, diretoria que com pequena alteração me acompanhou durante a vida curta do Banco do Brasil original.

Realizou esse estabelecimento transações de cerca de trezentos mil contos em dois anos e poucos meses, liquidando-se sem perda de um vintém para os seus acionistas, pelo amálgama dos interesses nele concentrados na atual instituição de crédito do mesmo nome.

A Estrada de Ferro de Petrópolis, Vulgo Mauá

No estado de descrença em que se encontravam os ânimos a respeito da introdução das vias férreas ainda em 1850, foi ousadia empreender a construção da primeira, embora pequena estrada de ferro. Procurar obter uma garantia de juros geral ou provincial era simplesmente inútil nessa época; vencer, porém, as resistências, era a meu ver indispensável, e uma demonstração desse melhoramento me pareceu o meio adequado.

Já nessa época era eu proprietário do estabelecimento da Ponta da Areia, que absorvera forte proporção dos meus recursos, e concessionário da Empresa do Gás, recebida também com frieza e descrença (e que se executava à custa do meu capital e crédito até que parte da cidade ficou iluminada em 25 de março de 1854, pois só então encontrei associados); não tinha eu, pois, capital disponível para esse outro empreendimento.

Depois de feitos os estudos de reconhecimento pelo engenheiro Guilherme Bragge, que executava por minha conta as obras de gás, e sendo o traçado da raiz da Serra à Mauá, por mim escolhido, atendendo aos inconvenientes da direção à Villa da Estrella, que interesses locais apontavam como preferível, teve lugar o levantamento da planta pelo engenheiro Roberto Milligan, sob a responsabilidade e direção de Bragge. Em seguida obtive da presidência da província o privilégio exclusivo em uma zona lateral de cinco léguas ao longo da linha projetada, única concessão possível nessa época.

Resolvi desde logo derrubar os preconceitos; e tendo conseguido que me auxiliassem nomes que gozavam de estima pública, como os dos Srs. Militão Máximo de Souza (hoje Barão de Andarahy), Collaço de Magalhães (depois de Visconde de Condeixa), Manoel Corrêa de Aguiar e João Inácio Tavares (a quem me ligavam laços da mais fraternal amizade desde a juventude, até que sua alma, tipo de pureza e bondade, foi colher a recompensa de suas virtudes na mansão dos justos) foi oferecida ao público a subscrição do capital que se julgou necessário, e, elevando-se a dois terços dos dois mil contos a subscrição, ficou o restante a meu encargo.

Pelos estatutos foi-me confiada a responsabilidade da direção da companhia, e jamais em nosso país se levou empresa ao cabo com mais fervorosa dedicação.

Em pouco mais de vinte meses, depois os trabalhos foram iniciados, se abria ao trânsito público a estrada de ferro de Petrópolis, vencidas todas as dificuldades que um primeiro trabalho desse gênero acarretava! Nessa ocasião coube-me a honra de dirigir a S. M. o Imperador estas palavras, em 30 de abril de 1854.

"Senhor! A diretoria da companhia Navegação a Vapor e Estrada de Ferro de Petrópolis vem render graças a Vossas Majestades pela honra que se dignarão conferir a estrada, vindo assistir a solenidade de sua inauguração. Vinte meses são apenas contados desde que Vossas Majestades honraram com suas augustas presenças o primeiro acampamento dos operários da companhia; coube-me então a distinta honra de depositar nas mãos de Vossa Majestade um humilde instrumento de trabalho, do qual Vossa Majestade se não desdenhou de fazer uso, como para mostrar aos súditos que o trabalho, esta fonte perene da prosperidade pública, era não só digno de sua alta proteção, porém mesmo de tão extraordinária honra!

Este exemplo, Senhor, não foi perdido, ele fez vibrar em nossos corações o entusiasmo, esse sentimento um tanto indefinível, mas que, uma vez despertado em corações generosos, não há mais sacrifícios de que estes não sejam capazes, não há mais obstáculos que não saibam vencer.

"Hoje dignam-se Vossas Majestades de vir ver correr locomotiva veloz, cujo sibilo agudo ecoará na mata do Brasil prosperidade e civilização, e marcará sem dúvida uma nova era no país. Seja-me permitido, Imperial Senhor, exprimir nesta ocasião solene um dos mais ardentes anhelos do meu coração: esta estrada de ferro, que se abre hoje ao trânsito público, é apenas o primeiro passo na realização de um pensamento grandioso. Esta estrada, Senhor, não deve parar, e se puder contar com a proteção de Vossa Majestade, seguramente não parará mais senão quando tiver assentado a mais espaçosa das suas estações na margem esquerda do Rio das Velhas!

Ali se aglomerará, para ser transportada ao grande mercado da corte, a enorme massa de produção com que devem concorrer para a riqueza publica os terrenos banhados por essa imensa artéria fluvial, o rio de S. Francisco e seus inúmeros tributários. E então, Senhor, que a majestosa Bahia, cujas águas beijam com respeito as praias da capital do Império, verá surgir no seu vasto e abrigado ancoradouro navios sem conta. É então, Senhor, que o Rio de Janeiro será um centro de comércio, indústria, riqueza, civilização e força, que nada tenha que invejar a ponto algum do mundo!

Uma proteção eficaz aos primeiros passos deste meio de locomoção admirável, que tem contribuído tão poderosamente para a prosperidade e grandeza de outros povos, fará com que seja uma realidade, e porventura em época não muito distante, esta visão que me preocupa.

Dignai-vos, Imperial Senhor, de acolher os ardentes votos que faz a diretoria da companhia, que leva a efeito no Brasil a primeira estrada de ferro, pela glória do reinado de Vossa Majestade, pela ventura da augusta Família Imperial e pela prosperidade da grande nação cujos destinos se acham confiados à alta sabedoria e paternal solicitude de Vossa Majestade."

O pensamento exarado, de levantar esta espaçosa de suas estações, margem do ponto conveniente serem vencidas as dificuldades da sua junção com as águas do Rio de S. Francisco, carece hoje de explicação.

A grande estrada de ferro, que depois tomou o nome de D. Pedro II, era ainda um mito, uma ideia em estado embrionário.

O pensamento da estrada de ferro de Petrópolis levava, pois, em suas entranhas o seguimento da via férrea na direção que os estudos melhor justificassem, até alcançar aquele grande *desfecho*, e estudos completos que importaram em algumas dezenas de contos, até as imediações das Três Barras, no Rio Paraíba, foram efetivamente executados pelo engenheiro Web, depois de obtido do governo imperial privilegio exclusivo das cinco léguas laterais ao longo da linha, privilégio que abandonei sem indenização alguma, a pedido do Visconde de Paraná, quando foi contratada a primeira seção da estrada de ferro D. Pedro II, teve de organizar-se a companhia que a tinha de executar.

A estrada de ferro de Petrópolis, que punha a capital do Império (a qual faltam algumas condições de salubridade), em contato com o belo restaurador clima de nossas montanhas, facilitando aos que necessitam reparar a sua quebrantada saúde, uma mudança radical de condições atmosféricas em menos de 4 horas, viu-se sem apoio que lhe assegurasse renda líquida por alguns anos. Nem a residência da Família Imperial naquela amena região durante a calmosa lhe assegurou elementos de vida derivados do trânsito de passageiros, o qual ficou aquém de todos os cálculo razoáveis, o que aliás foi por mim previsto, pois sempre acreditei que só depois que a companhia União e

Exposição aos Credores e ao Público

Indústria executasse a estrada comum de rodagem, contratada por um cidadão prestante e ativo, que a morte nos roubou tão prematuramente, podia o movimento, em que eu depositava inteira confiança, vir alimentar a pequena via férrea; e esta teve de esperar demasiado longo tempo até que essa outra empresa pôde vencer as suas maiores dificuldades.

Reconhecida a insuficiência temporária de renda liquida, tive de requerer ao corpo legislativo uma modesta garantia juros por dez anos. O chefe do ministério, que aliás me honrava com sua amizade, era contrário a essa pretensão, e procurou dissuadir-me de a apresentar; retorqui-lhe com vivacidade que não desistia, pois nisso cumpria um dever para com os que me haviam acompanhado com seus capitais na realização do pensamento iniciado que encerrava o futuro da prosperidade do Brasil.

Acrescentei que os legisladores tomassem a responsabilidade moral de rejeitar o pedido pois o capital empregado na empresa se estava aniquilando pela falta de renda, o que, sem dúvida alguma, era maior perda para o país, que mais ganhava em amparar e dar vida a esse capital, principalmente sendo o apoio pedido curto prazo, que seria ainda encurtado, por desnecessário, muito antes de se findarem os dez anos.

A discussão do assunto na câmara dos Srs. deputados foi curta e feliz; — contra, a pretensão, pronunciou-se nobre deputado, cujo nome me escapa, e impugnou a concessão, a pretexto de que se não podia sobrecarregar o país com semelhante despesa —; levantei-me com algum calor e fiz sentir a câmara a fraqueza da impugnação, perguntando se era lícito negar-se um pequeno auxílio à primeira estrada de ferro construída no Brasil, no mesmo momento em que se pagava a um artista (Tamberlick) 84 contos para ouvirem-se suas belas notas por 4 meses!

A apóstrofe não foi perdida, ninguém mais disse palavra, e a votação mostrou uma maioria a favor da garantia, votando pela mesma três dos ministros, os Srs. conselheiros Nabuco, Paranhos e Pedreira.

Lembro-me que nessa mesma tarde, visitando o Sr. Visconde de Paraná, me disse ele, no tom de amigável repreensão, que às vezes assumia com seus amigos, — então você teve a habilidade de dividir o ministério com a sua pretensão?

— Não, Exm., observei, nem uma palavra disse eu aos seus colegas a esse respeito — é a ideia que triunfa! — E acredita que passará no senado? — Não sei, é claro que não, se V. Ex. se opuser. Eu, porém, cumpri o meu dever, e isso é sempre uma satisfação.

O certo é que na seguinte sessão do corpo legislativo, levantando-se um vulto eminente de nossa política no senado para combater a resolução, disse ele, entre outras coisas: trata-se de uma empresa perdida; o Estado não é tutor dos particulares; — quem empregou mal seus capitais, que os perca. No entanto, o senado parece que teve escrúpulo de condenar por tal forma o nascente espírito de associação no Império; não votou contra; — arquivou a resolução da câmara temporária!

Felizmente, três anos mais tarde (ano e meio apenas depois que se abrira ao trânsito público a estrada de rodagem), podia eu declarar aos acionistas da estrada de ferro de Petrópolis, em relatório anual que lhes li, que a garantia de juros não era mais necessária! A renda líquida ostentava-se satisfatória. Ia em andamento, porém, nessa ocasião a construção da estrada de ferro D. Pedro II e tive de aconselhar aos acionistas que destinassem o excesso da renda, além de um modico dividendo de 6 % ao ano, para resgatar ações da companhia, à vista da ameaça que as condições da grande empresa deixavam antever de mais tarde absorver as cargas da província de Minas.

Os acionistas votaram a ideia por mim proposta, o que determinou ficar o capital da companhia reduzido à metade antes que a ameaça se convertesse em realidade, conservando assim a empresa elementos de vida, visto que com menor renda podia realizar o seu modesto dividendo.

A companhia União e Indústria, porém, nesse momento decisivo, consultando exclusivamente aos seus interesses, contratou com o governo imperial entregar à estrada de ferro de D. Pedro II, todas as cargas que de Minas transportava. Parecia que um mau fado pesava sobre a companhia de Mauá, que, sem o menor auxílio dos cofres públicos, hasteara a bandeira do grande melhoramento, pois, enquanto a outra, de simples rodagem, era amparada com favôres os mais excepcionais que jamais foram concedidos a empresa alguma no Brasil, — empréstimo de seis mil contos depois perdoado — encampação do seu contrato com dispêndio de mais três mil contos dos cofres públicos, e afinal um contrato com a estrada de ferro de D. Pedro II, por dez anos — que lhe assegurava nova recomposição de seu capital a estrada de ferro de Petrópolis (talvez por tê-la o público crismado com o nome de Mauá) era entregue ao extermínio!

Minha opinião naquele trance doloroso na vida dessa companhia, achando-me fora do Brasil, foi que se levantassem os trilhos e se vendesse em hasta pública o material da empresa: foi-nos, porém, prometido algum apoio na então próxima reunião do corpo legislativo.

Exposição aos Credores e ao Público

A promessa não foi cumprida e a empresa foi vegetando até que se observou que o tráfego de estações intermediárias antes de chegar ao Paraíba ia aumentando, e afinal se descobriu que se tinham criado novos elementos de vida. Entregando eu a outras mãos a direção da empresa conservei-lhe todavia o carinho tão natural nesse caso, e por ocasião de minha última visita à Europa, ouvindo falar do caminho de ferro do Rigi na Suíça, pedi ao Sr. Dr. Passos de o ver e examinar, tendo em vista vencer a grande dificuldade da Serra, diminuindo, assim, as horas de viagem e portanto tornando mais fácil a comunicação entre a corte e Petrópolis.

De volta da Europa, convencido daquela possibilidade, pedi e obtive da assembleia provincial garantia de juros por 600 contos, julgados necessários antes de feitos os estudos; realizados estes, porém, pelo próprio Dr. Passos, reconheceu-se que o dispêndio de 1,200 contos era necessário para construir-se um caminho de ferro na Serra, nas condições de solidez e duração indispensáveis; dispunha-me a arrostar mais esta contrariedade, e nova petição foi endereçada à assembleia provincial, quando surgiu uma concessão do governo imperial a um empresário para realizar outra estrada de ferro que, partindo da corte, fizesse concorrência com a que do litoral aspirava a subir a serra.

Esta concessão desorientou-me. O tráfego novamente criado, o que podia razoavelmente esperar-se em um prazo assaz longo, não podia dividir-se sem importar isso a ruina de uma ou de ambas as empresas!

A concessão foi por mim encarada como desastrosa para a estrada de ferro de Petrópolis. Desanimei, e ninguém dirá que não era preciso ter muita fé para ir tão longe! A nova ideia foi abandonada.

Que a estrada tem atualmente condições de vida não é duvidoso, revelada, porém, a intenção de criar-lhe outra concorrência ruinosa, quem pode garantir-lhe o futuro?

Isto quanto à empresa em si: direi agora algumas palavras quanto às minhas relações financeiras com ela.

Conservando cerca de um terço das ações, porque desde o começo a dúvida se apoderou dos espíritos, tive de suportar o prejuízo da falta de renda de um grande capital, e perdendo a esperança quanto ao futuro pela ameaça de absorção do tráfego a que me referi, aproveitei-me da resolução da companhia de amortizar parte do seu capital, e para esse fim dispus da quase totalidade das ações que possuía por cerca de metade do capital realizado.

Adicionando esse prejuízo ao que resultara da falta de renda durante os primeiros seis anos em que não foi possível fazer dividendo algum, a cifra total da perda que tive de suportar elevou-se a mais de 600 contos, que se multiplicam com os reditos que lhe correspondem a uma verba exorbitante; ninguém dirá que só nesta empresa eu não paguei bem caro a minha teima em ver aparecer no Brasil o grande melhoramento!

Os resultados que colhi da realização da primeira estrada de ferro do Brasil não foram lá muito para cobiçar!

Navegação a Vapor do Rio Amazonas

Foi esta uma das grandes empresas que criei.

Na época em que ninguém acreditava em empresas, foi anunciado pelo governo achar-se autorizado a contratar esta navegação, mediante subvenção e privilégio exclusivo.

Ninguém se apresentou, não obstante as folhas diárias repetirem o anúncio durante alguns meses!

Amigo pessoal e dedicado de um dos ministros deste período de descrença, fui instado para encarregar-me da missão civilizadora que esse fato levava em suas entranhas, e aceitei um contrato pelo qual modestos favores me foram concedidos, avultando, porém, entre eles o privilégio exclusivo da navegação do Amazonas e seus afluentes por trinta anos, ao passo que o serviço obrigatório que o contrato impunha era mínimo, e assim era preciso, uma vez que o capital que se empregava iria enfrentar o desconhecido.

Oferecidas as ações da empresa ao público, não encontrei subscritores nem para metade do capital necessário. Foi sempre um dos defeitos radicais do meu modo de se contemplar com energia, e mesmo entusiasmo, os serviços de que me encarregava, sem dúvida no intuito de colher honesto proveito, porém como ninguém pode desconhecer correndo risco de perder assim o capital já adquirido, quando me fiz empresário, como o bom nome que começava a aparecer.

Na criação dessas empresas não esqueci ao interesse público que o objeto da concessão representava. Neste caso, como nos anteriores (primeira estrada de ferro e iluminação a gás) ficou a cargo de meus recursos financeiros e de crédito grande parte do capital necessário, único meio de levar avante o pensamento que se tinha em vista realizar.

Funcionou com vantagem esta empresa desde o seu começo. O modesto serviço foi, porém, julgado insuficiente e os interesses da região amazônica exigiram imperiosamente maior desenvolvimento.

Prestei-me quanto era possível, e sucessivamente novos vapores fundeavam na capital do Pará por conta da companhia.

Em seguida o Sr. Visconde do Uruguai, que me honrava com sua amizade e confiança, como já tive ocasião de dizer tratando de assunto internacional, fez-me sentir que a política do governo em relação ao Amazonas tinha de sofrer modificação; que se aproximava a época em que seria preciso declarar o grande rio aberto ao comércio do mundo, para evitar complicações políticas que se consideraram possíveis e até prováveis, além de que, forçoso era ao governo imperial harmonizar a sua política com as ideias do século, que condenarão a exclusão ao comércio do mundo do vasto território banhado pelo Amazonas e seus afluentes.

Estava em minhas mãos ser exigente: era isso, porém, contrário ao meu modo de ser; de maneira que nem o menor obstáculo criei à nova política do governo que me era anunciada. Apenas fiz sentir a S. Ex. que, sendo o aumento da navegação a vapor uma necessidade; contentar-me-ia com o aumento de subvenção que o maior serviço demandava.

Travou-se luta no ano seguinte entre mim e o governo quanto à cifra do aumento de subvenção pelo aumento de serviço e abandono do privilégio, subsistente nessa época até 1882. Tive de ceder a exigência peremptória do finado Marques de Paraná, que me honrava com sua amizade e exercia sobre mim grande influência. A navegação do Amazonas é agora uma necessidade reconhecida e provada, me disse S. Ex., o aumento que se lhe oferece parece ao governo bastante; se, porém, o primeiro ano do novo serviço provar que não chega, não haverá governo que lhe negue o necessário, mas não quero que se diga que, por sermos seus amigos, estamos prontos a dar-lhe quanto pede. À vista desta promessa aceitei o segundo contrato.

Realizaram-se meus receios: no fim do primeiro ano levei a evidência que o aumento de serviço deixava a empresa sem benefício algum disponível aplicável a dividendo.

A lógica e a moralidade administrativa mandavam que, sem demora, fosse consignada verba suficiente, para o que ofereci a exame os livros da companhia, e todos os menores detalhes. Longe, porém, de ser atendido lutei dois anos, suspensos os dividendos aos acionistas por não serem possíveis, até que em 1857 S. Ex., o Sr. Marques de Olinda fez inteira justiça à companhia, devido talvez a presença no ministério do homem de ideias mais claras em finanças que eu tenho conhecido no Brasil (já se compreende que me refiro a — Souza Franco — que me fez sempre inteira justiça), e sendo ele demais a mais Paraense, compreendia melhor que outros a necessidade da navegação a vapor naquelas águas.

E, no entanto, ainda o ano passado, tendo de renovar-se o contrato que findava no dia 1 de novembro, que poeira se não levantou em ambas as câmaras! E isto quando tratava-se da continuação do mais importante, do mais útil e do mais produtivo serviço de navegação a vapor que existe no Império!

Exposição aos Credores e ao Público

Ficou demonstrado que a subvenção é um adiantamento, ou verdadeiro custeio com que o Estado concorre para arrecadar uma renda, assim no que toca aos cofres gerais como aos provinciais, sete vezes maior do que a que para eles entrava há apenas 23 anos, antes de ser introduzido esse meio aperfeiçoado de locomoção, que conseguiu encurtar as distâncias, e pôr em rápida e regular comunicação os centros de produtos naturais com a capital.

Desconheceu-se que o invento sublime, cuja prática honra o século em que vivemos, desempenhando metade, se não dois terços do trabalho das sociedades que o põem ao serviço de sua civilização e progresso. O vapor não pode ser utilizado como força motriz, nem em terra, nem realizando a locomoção sobre a água, sem considerável dispêndio, que inevitavelmente tem de ser custeado pelos interesses que ele desenvolve à sombra de sua potência criadora, porém que no intervalo é necessário esperar esse desenvolvimento.

Não se quis atender a que o emprego de tão poderoso instrumento de atividade humana, somente à custa dos interesses que cria, tem suas exceções, que aliás fortalecem e confirmam a regra, exceções que patenteiam a necessidade por tempo mais ou menos longo, de auxílios. Aliás no presente caso, tirados da própria renda criada pelos elementos que são arrancados de florestas virgens.

Não basta que existam germes de riqueza derramados, ou concentrados em localidades favorecidas pela natureza, para que estes possam ser postos em contribuição desde logo, e pagar o custeio de seu maior e longo desenvolvimento que reclama a aplicação do vapor.

Mesmo entre as velhas sociedades, aonde o produto do trabalho acumulado de muitos séculos representa riqueza pública, em grande escala se tem reconhecido a necessidade de animar a navegação a vapor mediante avultados auxílios pecuniários, que temporariamente pesam sobre o ser coletivo, até que, criadas riquezas suficientes, apareçam elementos de tráfego ou interesses capazes de suportar os encargos que serviço tão dispendioso determina, restituindo então com usura os adiantamentos que lhes foram feitos.

A aplicação destes princípios entre nós determinou os fortes compromissos nacionais decretados pelos poderes públicos no intuito de promover grandes melhoramentos, pelo emprego da força motriz a vapor, assim por terra, como a destinada a facilitar e baratear o trânsito fluvial, e mesmo o interoceânico.

A necessidade de converter em riqueza os grandes elos naturais disseminados sobre a extensão de um território tão vasto como o que compreende o Brasil, aonde a população é comparativamente escassa, deu lugar a várias concessões amparadas com a garantia do Estado ou subvenções a companhias nacionais e estrangeiras, que se encarregaram de dar execução a empresas destinadas a conseguir tão importante fim.

A concessão, que me foi feita em relação à empresa, teve por objeto o aproveitamento de riquezas, já criadas ali pela natureza, sob a forma de produtos naturais, e que jaziam perdidas no território banhado pelo vasto oceano fluvial que corta em todas as direções a região privilegiada, na extrema setentrional do Império.

Era uma tentativa que a experiência devia confirmar e regular para o futuro. Dessa empresa nasceram outras, que vieram incorporar-se a ela por força dos seus interesses recíprocos, e todo esse serviço acha-se hoje executado pela Amazon Steam Navigation Company, que eu criei em Londres, e, talvez por ainda aparecer meu nome como principal acionista, tem essa empresa suportado a guerra que lhe foi movida.

Cessa hoje essa causa, trata-se hoje só dos credores da casa Mauá, e Deus queira que seja melhor compreendido o interesse brasileiro de primeira ordem que essa empresa representa e se não recuse dar aquele mundo de riquezas naturais o impulso que ele está reclamando.

Cumpre não desconhecer que o emprego de capital exige imperiosamente três condições essenciais, para convidá-lo a introduzir-se no mecanismo de que ele é a força motriz indispensável tratando-se da criação da riqueza.

A 1ª é a renda, que deve ser proporcionada aos riscos que podem razoavelmente prever-se.

A 2ª condição de qualquer emprego de capital é a sua conservação em valores que o representem, dada a hipótese de uma liquidação do negócio, ou dos interesses industriais em que se achar ele envolvido.

A 3ª condição finalmente, é o lucro a que tem direito qualquer aplicação das economias de cada indivíduo a fins industriais, pelos quais visando ele a maiores interesses, vê o seu capital exposto a maiores riscos. O *del credere* que corresponde a tais empregos, é uma aspiração justa e fundada que os acompanha; sendo certo que eventualidades previstas e não previstas podem sobrevir, e sobrevém muitas vezes, na gestão mais honesta e mais bem calculada de interesses que se prendem a vida econômica do país. Esse lucro adicional é, pois, tão legítimo como qualquer outro, e dele colhe o país uma quota dos benefícios relevantes na parte da renda pública derivada dos tributos.

Da sã aplicação destes princípios nasce, na prática, a necessidade de destacar dos lucros eventuais a empregos que envolvem algum risco, certa porcentagem, que em prazo determinado represente o capital por meio de uma acumulação pausada. E está claro que, se o prazo da concessão for curto, o quociente de acumulação tem de ser maior, para assegurar a representação desejada no fim do prazo; ao passo que a acumulação de longo folego não só anima o projetado emprego, mas, com menor quota de amortização anual, realiza aquele importante fim.

A companhia atual, na qual se acham representados também os interesses criados por sua antecessora, precisa de uma certa e determinada renda em proporção do capital já empregado, e do que for ainda de mister empregar em desempenho dos encargos que lhe são impostos.

Ora, tratando-se de um serviço em que a experiência de longos anos apresenta dados práticos e positivos, desaparece o terreno das conjecturas, das esperanças fundadas em quimeras, ou em cálculos sujeitos a eventualidades que se interpõem, não poucas vezes para patentear quanto são eles falíveis.

A missão da empresa está definida nos recursos limitados que lhe ministra a mesquinha concessão que lhe foi feita, que ainda depende de aprovação do corpo legislativo, isto é, transportar com celeridade de umas para outras localidades os produtos naturais no vale do Amazonas, e as mercadorias necessárias ao seu consumo.

Só por meios indiretos poderá a empresa ir além desses serviços, o que aliás está em seu interesse, desde que tem propriedades territoriais de grande extensão nessa região que lhe convém aproveitar, e entrou para esse fim em consideráveis dispêndios, como é público e notório.

Neste inventário imperfeito de alguns serviços prestados ao meu país, a que as circunstâncias em que me vejo colocado me obriga, considero um dos maiores a realização da navegação a vapor no vale do Amazonas no tempo em que ninguém acreditava nela.

Quando os poderes públicos decretaram inicialmente as concessões, tratava-se de uma experiência que podia falhar; os resultados podiam não corresponder às previsões.

Os fatos vieram dar razão à política previdente e digna que semeou para colher, pois a colheita apareceu, e o vale do Amazonas que, embora represente a mais vasta circunscrição do território pátrio, contém uma população insignificante, não obstante, já restitui aos cofres públicos em bom volume, e com enorme lucro, os adiantamentos que para tão importante mister foram sabiamente decretados, sem falar no bem-estar social, e grandioso incremento da riqueza pública e particular que esse fato determinou.

Falar de economias quando se trata de empregar capital a grande juro é um disparate econômico que não merece as honras de uma discussão séria.

Ninguém pode contestar que os valores criados pelo capital que forma a base da existência da *Amazon Stearn Navigation Company* o foram em virtude dos contratos com o governo imperial que terminaram no 1º de novembro passado.

Estes valores em sua máxima parte não têm outra aplicação; destruí-los, como pretendem alguns dos nossos sábios negando-lhe a renda suficiente, seria a maior das injustiças e, comprometendo-se com isso interesses avultados que ao país pertencem, seria além disso um erro econômico dos mais grosseiros.

Os grandes interesses que se presumia ter eu auferido da organização desta empresa, influíram mais que muito no ânimo de alguns para guerreá-la; pois bem, está decretada a minha morte civil, escolhendo-se o modo mais difícil para ser ela realizada!

A contabilidade da casa está à vista de todos, examinai-a e vos convencereis que se acha representado em ações da empresa ou transferidos meus direitos a credores de pelo menos o dobro dos lucros que em qualquer hipótese eu podia ter obtido de semelhante concessão.

Nenhum benefício colhi, pois, do grande capital e insano trabalho que durante um quarto de século dediquei a ideia: tal é a justiça dos homens!

Estrada de Ferro do Recife a S. Francisco

Feitas as concessões iniciais aos Srs. de Morney, sem que o meu auxílio fosse direta ou indiretamente reclamado, escrevi eu, não obstante, a meu sócio e íntimo amigo, o Sr. de Castro, indivíduo que me era inteiramente dedicado:

> "Trata-se de levar avante a primeira companhia inglesa para vir construir *estradas de ferro no Brasil*. Não deixe pedra sobre pedra para que o resultado nada deixe a desejar, pois disso dependerá que muitas outras naveguem nas mesmas águas, e você conhece minhas ideias a respeito."

Com efeito, devido à minha posição social no Brasil, que já então se reconhecia de algum mérito na Inglaterra, foi o meu sócio procurado para fazer parte da mesa de diretores, o que na Inglaterra *precede* a organização das sociedades anônimas.

Em seguida tratando-se de incorporar a companhia e por esse meio recolher o capital necessário a realização da empresa, surgiu toda a sorte de dificuldades, o que deu lugar a repetidos adiamentos em ser a companhia *lançada no mercado*, como se diz na Inglaterra.

Vencidas, porém, essas dificuldades, uma por uma, foi afinal aproveitado um ensejo favorável e a companhia foi lançada com sucesso.

Para isto se conseguir, porém, foi necessário que meu sócio, que recebia constantemente de mim as *mais positivas* seguranças de que a garantia do Brasil era o que havia de mais sólido no mundo financeiro, e iludindo-se ele quanto a possibilidade de levantar dinheiro sob garantia de *títulos* que eram por tão alto colocados, subscreveu um número extraordinário de ações, incompatível com o estado de nossas finanças na ocasião.

Acusando-o eu de se ter excedido, encontrou ele defesa nas próprias palavras com que eu o havia impelido a dar todo o apoio imaginável a empresa de estradas de ferro para o Brasil, e assegurou-me que o fato de ter ele subscrito tão grande número de ações sendo como foi sabido logo no *Stock-exchange*, causara a melhor impressão, influindo decisivamente na subscrição do necessário capital, não só entre os *investors bona fide*, porém mesmo pelos trabalhadores, e que eu só o devia censurar se o resultado não correspondesse ao esforço. Calei-me e tive de aguentar a pressão que o fato fazia pesar sobre minhas finanças, pois desde logo se reconheceu ser impossível levantar dinheiro sobre essas ações.

Infelizmente a companhia caiu nas mãos de *maus empreiteiros*, a pior desgraça que pode acontecer a empresas semelhantes.

Os cálculos dos engenheiros foram também baseados mais no que estava escrito nos livros que tratam de construções de estradas de ferro, e algum galope que deram no terreno sobre que tiveram de levantar plantas da via férrea a construir, do que na apreciação bem averiguada das dificuldades a vencer. Foi, pois, contratada a construção da estrada sob a base desses dados imperfeitos ou talvez infiéis, reconhecendo-se, um curto prazo que tinham os contratadores de perder. Como isso era duro, trataram logo de mistificar a execução do serviço, e vendo que ainda assim o prejuízo seria grande, abandonaram a empreitada, e ainda em cima foram demandar a companhia Londres; o caso é que o pleito terminou, no fim de alguns anos, por uma composição!

No entanto, desde o começo dessa desinteligência o crédito da companhia ficara prostrado na praça de Londres, pois para logo dominou a convicção no público inglês de que o capital garantido era insuficiente, e iam rota batida caindo o valor das ações da companhia no mercado.

No entanto, tratando-se da garantia do Brasil assim calcada aos pés no grande mercado monetário europeu, alguns espíritos refletidos compreenderam que isso nos fechava a porta para levantar capitais na Europa para o mesmo fim, e muito sensatamente foi votada no Brasil a lei que permitiu ou facultou a troca dos nossos títulos que levavam em Londres essa garantia de 7 % por apólices da dívida pública interna de 6 % de renda.

Foi um bom pensamento que alcançava um grande fim de utilidade pública, suspendendo a depreciação de títulos que representavam o crédito em Londres, e em última análise em vez de pagar 7 em ouro ficava o Brasil pagando 6 % em seu papel-moeda inconvertível. Ainda hoje não atino com que fundamento foi essa lei revogada.

Fui o primeiro a aproveitar-me da faculdade legal, e o tesouro público nacional teve de entregar-me mil contos em meu nome e no do meu velho amigo Giles Loder, além de uma forte soma de quantia de terceiros, o que me ajudou a resistir à pressão financeira que resultou desse emprego exagerado de capital, devido à minha ansiedade de ver progredir a ideia por mim amparada; neste caso de fazer aparecer o capital europeu na construção de estradas de ferro do Brasil.

A execução dessa lei salvou-me de um prejuízo avultado!

Tratou-se em seguida de garantir empréstimos às estradas de ferro em construção, na razão de uma terça parte do capital empregado; conseguindo-se que a lei fosse votada sem maior dificuldade.

Passando a lei, aproveitou-se dela a estrada de que trato, e contraio o empréstimo de £ 400.000 com essa garantia.

Os infortúnios da empresa, os sacrifícios que haviam feito e roubos talvez de que fora vítima, elevando o desfalque entre a soma do capital garantido e a cifra efetivamente despendida a £601.000, tratou-se de fazer novo esforço perante o governo imperial para obter acréscimo de garantia. — Desde logo declarei a meu sócio que, como foi dito, era membro da diretoria em Londres, que até lá não os podia acompanhar.

Levamos mais de ano a discutir esse ponto, querendo meu sócio convencer-me, obtendo, porém, apenas da minha parte neutralidade. — Como agente da companhia no Brasil, limitei-me a apresentar algum papel que me era enviado sem dar passo perante meus amigos, e tanto que, sendo eu o agente autorizado da companhia com todo o prestígio que então me rodeava, teve a diretoria de mandar ao Brasil mais de uma vez agentes especiais para tratar da questão.

Quando aqui chegou um deles, o Sr. Bramah, era ministro da agricultura o ilustre cidadão que hoje está na presidência do conselho, ele que diga se em alguma ocasião lhe toquei em semelhante assunto.

No entanto algumas semanas depois de aqui chegar esse agente especial da companhia, apresentava-se ele no meu escritório com a carta de S. Ex. que lhe prometia em nome do governo imperial o acréscimo de garantia sob as condições estipuladas nessa carta.

Desde esse momento pronunciei-me abertamente a favor do cumprimento da promessa: era a palavra do governo do meu país dada ao estrangeiro: cioso como sempre fui do crédito do Brasil, não tinha mais que hesitar. Levou ainda alguns anos antes que essa garantia adicional se tornasse efetiva pela definitiva aprovação do corpo legislativo; fiz tudo quanto estava ao meu alcance a favor, desde que a promessa foi dada, e aconselhei mesmo a diretoria, nos últimos tempos, que me permitisse nomear um hábil advogado para coadjuvar-me, no que ela consentiu.

Vencida a campanha, foi questão entre mim e a diretoria quanto a cifra que me deviam arbitrar pelo trabalho que tive. "Para mim, nada quero, lhes disse (estão vivos todos os diretores da companhia em Londres menos um, e este trabalho será lá lido); quanto, porém, aos serviços do vosso advogado, sem o mínimo exagero valem £10.000. Depois de alguma hesitação foi essa a quantia entregue aos meus agentes, e repassada integralmente a quem havia desempenhado aquele encargo.

Quantas pessoas no Brasil sabem hoje de todos estes fatos em que tive de intervir relativamente a estradas de ferro do Recife a S. Francisco! Talvez uma dúzia, e, no entanto, ninguém dirá que é uma verba tão pequena dos serviços que tive a fortuna de poder prestar ao meu país que deva passar sem reparo.

Estrada de Ferro da Bahia

A respeito desta empresa podia na verdade passar desapercebida, como passou, minha intervenção, porque foi ela prestada mais *ao amigo* que se pôs à frente do pensamento do que a ideia.

O fato é que, modesto, porém porventura necessário auxílio pecuniário, foi por mim prestado, e essa dezena de milhares de libras esterlinas só puderam ser-me devolvidas depois que a companhia ficou organizada em Londres.

Só por se tratar de *uma estrada de ferro* menciono este fato.

Companhia Diques Flutuantes

A marcha lenta com que progredia a construção do dique seco, que na Ilha das Cobras se construía por conta do governo, serviço que durava há quarenta anos, e na época a que me refiro não se achava contratada sua terminação, deixava substituir uma necessidade de primeira ordem para o comércio e navegação que afluem ao porto desta capital. Desde data preocupava-me o espírito a satisfação desse desfecho e considerava eu até culpável a negligência do governo, lamentando a falta de iniciativa individual que deixava ao desamparo ideia tão útil.

Há cerca de dezoito anos, declarou-me o Sr. Dodgson, diretor da Ponta da Areia, ter inventado um sistema de Diques Flutuantes, cujo princípio me agradou, pois consistia em receber o recipiente, apenas o volume de água necessário para o deslocamento do navio, na proporção que o navio, de maior ou menor dimensão, demandava, em vez de ser forçado a encher-se completamente quando tivesse de receber algum navio, como sucedia com o equipamento conhecido.

Seguindo Dodgson para Inglaterra, nessa ocasião insisti com ele que pusesse sua invenção em discussão entre as pessoas competentes, e disse que, obtidas opiniões favoráveis, eu não hesitaria em criar companhia para levar avante sua ideia.

Ao regressar disse-me ele ter consultado as melhores autoridades, e que tinham dado plena aprovação ao seu invento.

Não hesitei em criar a empresa e construiu-se um dique, na ideia de serem outros brevemente necessários. Despendidos cerca de 200:000$000 nesse empenho, reconheceu-se que falhava a ideia na prática. Se se tratasse de executar um pensamento conhecido e aprovado a respeito de diques flutuantes — tudo estaria acabado — cada um que sofresse a parte do prejuízo que lhe tocara, sendo a minha a maior. Sendo, porém, a invenção nova, de um empregado do estabelecimento que trabalhava sob minha responsabilidade, não permitiu minha consciência que outros ficassem prejudicados; recolhi as ações e devolvi integralmente o capital que havia sido subscrito, tendo assim fim essa tentativa de realizar um grande e necessário melhoramento.

Companhia de Cortumes

Foi por outrem criada esta empresa, que parecia ter condições de prosperidade, desde que podia ser mantida com grande benefício dos interessados só com a matéria-prima que resultava da matança do gado necessário ao consumo da capital do Império. Concorri desde o começo com a sexta parte do capital que se julgou necessário. Infelizmente, as vistas de quem a dirigia não se limitaram a fazer prosperar empresa tão útil.

Houve uma aspiração pouco sensata de monopolizar o comércio das carnes verdes, e sob perspectiva lisonjeira, em cálculos e demonstrações, me fizeram acreditar que os capitais empregados e a empresa iam ter renda mais que suficiente para que a companhia desfrutasse uma vida de grande prosperidade.

Assim não aconteceu, bem pelo contrário, foi esse um dos maiores desastres financeiros em que se achou envolvida a casa Mauá, sendo o prejuízo total que teve de suportar como credora muito superior ao capital integral da empresa. Ainda hoje sou de opinião que essa empresa podia e devia prosperar. Não havia, porém, elementos de sucesso que pudessem resistir a má direção dada aos grandes recursos que a empresa teve a sua disposição.

Companhia Luz Esteárica

Outra empresa que levava em suas entranhas condições de prosperidade não duvidosa e que foi por outros iniciada.

Com matéria-prima do país, consumo certo e assegurado por proteção aduaneira suficiente quanto à concorrência de produtos similares importados do estrangeiro, parecia na verdade destinada a remunerar amplamente o capital que fora empregado.

De empresa particular passou a ser uma companhia pública sob meus auspícios, com capital mais que suficiente, cabendo-me maior quinhão na subscrição das ações.

Infelizmente não pôde resistir à ação de administradores pouco escrupulosos, e tive de absorvê-la em estado de decadência.

Grandes sacrifícios criaram-lhe novamente vida própria, e nesse estado, surgindo embaraços momentâneos a casa Mauá no exterior, foi essa uma das empresas que passou às mãos de terceiros, como realização de capital que consultava interesses financeiros da casa. Os maiores sacrifícios a que esta empresa deu lugar não tiveram origem na indústria propriamente dita, porém nas irregularidades administrativas que perturbaram sua marcha.

Montes Áureos Brazilian Gold Mining Company

A companhia Mineração Maranhense, aqui criada, tropeçou com dificuldades para alcançar uma posição próspera, afiançando-me pessoas, em quem eu depositava confiança, que a falta de capital em escala suficiente, e porventura de direção científica apropriada impediam que os produtos de jazidas de ouro riquíssimas influíssem no progresso da província do Maranhão, e pediram-me para obter o auxílio de capital europeu transferindo a empresa para Londres: prestei-me de bom grado.

Engenheiros lá escolhidos examinaram essas jazidas e as mais brilhantes esperanças foram atiradas em perspectiva à praça de Londres, sendo o nome de sócio o principal esteio da subscrição.

Não falhou, ficando, porém, meu sócio com grande número de ações como prova de sua boa fé em convidar para essa empresa capitais alheios; — salvaram-se os capitais iniciais que foram a meu ver devolvidos com usura. Os criadores da nova empresa foram, porém, prejudicados: pois o emprego de recursos científicos e monetários na exploração em escala suficiente apenas trouxeram a convicção de que havíamos sido vítimas de uma grande mistificação; as jazidas se achavam esgotadas!

E terminou a empresa por um desastre financeiro completo.

Estrada de Ferro Santos-Jundiaí

Tem tido discussão larga e completa nas folhas diárias desta capital a empresa de que vou ocupar-me.

As repetições são sempre cansativas. Tratarei, pois, de resumir, quando for possível, assunto de tamanha gravidade, que influiu tão decisiva e desastradamente nas finanças da casa Mauá, a ponto de poder eu afirmar, pondo a mão na consciência e os olhos em Deus, que, não fosse este cometimento, estaria longe a probabilidade da dolorosa posição financeira em que me vejo colocado.

Na época em que meu entusiasmo pela introdução em nossa pátria, em grande escala, do aperfeiçoado meio de locomoção com que as estradas de ferro vierem auxiliar a vida econômica das nações, concorrendo de um modo assombroso para o progresso e civilização dos povos cultos, achava-me eu quase diariamente em contato com dois brasileiros dos mais distintos, um que nos foi roubado há 18 anos: o finado Marques de Monte Alegre, cujos serviços à nossa pátria, e cujo nobre caráter fizeram com que o Brasil inteiro reconhecesse no seu passamento uma perda nacional; o outro, o Marques de S. Vicente, cuja perda o Brasil inteiro teve de prantear em recente data pois homens como esses honram a nação que lhes deu o berço.

Estes dois vultos brasileiros me honraram com sua amizade, e mesmo intimidade, até o momento em que o destino veio cortar o fio a seus dias, infelizmente quando se achavam eles ainda em estado de prestar muitos e bons serviços ao país.

Foi objeto frequente de nossas conversas durante o ano de 1855 a construção de uma estrada de ferro que, partindo de Santos, galgasse a serra do Cubatão, e pela linha mais reta se dirigisse aos distritos mais produtivos da província de S. Paulo, aonde a cultura do café começava a desenvolver-se em condições tão favoráveis, que prometia à província um futuro dos mais esperançosos.

A magnitude da empresa criou alguma hesitação no meu espírito; — e durante algum tempo resisti às solicitações dos meus amigos, cedendo afinal sob a promessa de unirem eles seus nomes prestigiosos na política do país ao meu humilde nome, impondo-me eles nessa ocasião, como condição, o não partilharem de qualquer benefício pecuniário que daí lhes pudesse provir.

Armado com a concessão dessa estrada, fiz-me representar por meu sócio o Sr. de Castro, em Londres, para os passos indispensáveis ali, a fim de obtermos o capital necessário, não me permitindo a direção ativa dos importantes negócios a meu cargo ir pessoalmente.

Foram inúmeras as dificuldades com que ele teve de lutar, não obstante a coadjuvação do ministro do Brasil, em Londres, a cujas mãos, por intermédio dos meus amigos, chegaram recomendações eficazes, para que S. Ex. amparasse a realização de tão útil empresa, dando todas as explicações que lhe fossem exigidas quanto à efetividade da garantia do Brasil.

Já antes da concessão da garantia (pela certeza que me davam os meus amigos de a obter), o engenheiro Roberto Milligan com a turma de trabalhadores a qual nada faltava, abria várias picadas na direção que julgou mais conveniente, a fim de vencer a grande dificuldade da serra do Cubatão; em seguida o engenheiro D'ordan, com pessoal suficiente, fazia outros estudos, e finalmente obtido o contrato, entendeu-se de Castro, em Londres, com o engenheiro de alta nomeada o Sr. Brunlees e este escolheu o Sr. Fox para proceder a estudos *completos* — tudo à minha custa, pois durante mais de três anos, que duraram as explorações e estudos jamais lhes faltou tudo quanto pediram, despendendo eu cerca de vinte e cinco mil libras esterlinas até a conclusão dos estudos servindo de base ao contrato ulteriormente assinado em Londres os trabalhos do Sr. Fox, com as modificações que o Sr. Brunlees julgou conveniente adotar.

Não foi, portanto, consumido inutilmente o tempo decorrido antes que fosse possível levantar o capital em Londres surgindo-nos intervalo toda a classe de dificuldades, sendo, porém, vencidas com prontidão as que dependiam de novas concessões e esclarecimentos do governo imperial, e que foram logo enviadas ao sindicato, que tinha de constituir a mesa de diretores da companhia em projeto.

Ao final de quase quatro anos depois da data da concessão, achava-se a empresa em condições de ser lançada no mercado, e, dando-se ensejo favorável, iria o fato realizar-se.

Nesse momento surdiu uma dificuldade imprevista: os agentes financeiros do Brasil os Srs. N. M. Rothschild Sons, que haviam anteriormente consentido que sua firma aparecesse nos prospectos "para dar prestígio a combinação criada", exigiram então em pagamento daquela concessão, receber £20.000 dos primeiros fundos recolhidos do público, e efetivamente, tendo de Castro consultado o Sr. Penedo, e assegurando-lhe este ser o meio de garantir a subscrição, teve de Castro de ceder a mais essa exigência, realizando-se em seguida a subscrição das ações, para o que foi ainda necessário que Mauá C, subscrevesse 5,000 ações, a firma de Manchester 4,300, e dois íntimos amigos mil ações cada um, sendo, portanto, a companhia levada ao Stock Exchange sobre meus ombros, e cabendo o benefício pecuniário imediato aos Srs. Rothschild & Sons.

E no entanto, um indivíduo bem conhecido, que aqui representou a companhia por muito tempo, e o Sr. Heath que a presidia, e ainda preside, conhecedores desses fatos como ninguém, tiveram mais de uma vez o cinismo de referirem-se em seus escritos, às £45.000 que meu agente recebeu em Londres ao organizar-se a companhia, sabendo eles tão bem como eu que, além das despesas que fiz durante quatro anos para apresentar em Londres a empresa estudada — que custaram-me £25.000, as £20.000 entregues aos Srs. Rothschild & Sons devoraram o resto desse pretendido benefício dos quais não entrou em meus cofres uma libra sequer!

Organizada a companhia, seguiram-se os fatos de que o público tem conhecimento. Durante mais de dois anos tudo marchou admiravelmente bem. As obras foram executadas com tanta vantagem para os empreiteiros que, segundo afirmou o Sr. Heath em assembleia geral dos acionistas em Londres, os empreiteiros se apossaram de £80.000 de lucros durante a primeira fase da execução do contrato, empregando esses lucros em uma fazenda (*Estate*), esquecendo-se, porém, de dizer o que já sabia quando fez uso desse argumento, que mais tarde hipotecaram essa mesma propriedade para levantar os fundos necessários a execução do seu contrato, que em última análise os arruinou, tendo ainda mais tarde de declararem-se falidos!

Examinarei, porém, a origem dos pretendidos lucros. Se eles se deram, conforme havia afirmado o Sr. Heath, é claro que os (*shedule prices)* preços da obra pagos por unidades de serviço feito, deviam ser magníficos; como, pois, deixou a execução do contrato tão enorme prejuízo? Se os *shedule prices* deram lucro tão avultado durante os primeiros dois anos, é evidente que esses mesmos preços durante o seguimento da construção deveriam continuar a dar lucro.

Nem serve o desmentido do Sr. Heath, de que tendo lugar as obras difíceis, apareceu o desfalque, porque é evidente que essas obras difíceis foram estimadas por preços proporcionais, ou houve grosseiro erro contra os contratantes.

O razoável, o natural, é que todas as obras a executar-se tinham seu preço proporcional nas tabelas que regulavam o pagamento; logo, o Sr. Fox deu, até certo tempo, certificados de obra feita honestos, e daí resultaram lucros aos empreiteiros, que chamaram a atenção da diretoria em Londres e de lá vieram as tais ordens em que falou o Sr. Fox em novembro de 1863, dizendo-me ser obrigado então, a dar os certificados não em referência à obra feita, porém tendo em vista o "general *state of the account*" e observando-lhe eu que essa maneira de executar cláusula tão importante do contrato dera em resultado o déficit que a conta dos empreiteiros já representava – tranquilizou-me o Sr. Fox com a afirmativa que extras (serviços feitos além dos estipulados no contrato) eram devidos pela companhia, o que o Sr. Brunlees me confirmou em sua carta de 24 de fevereiro de 1864.

Como os engenheiros eram, pelo contrato, os que tinham de dar os certificados de obra feita, a opinião de ambos tranquilizou-me, e os adiantamentos continuaram, firme eu no propósito, que era a compensação que eu aspirava de meus constantes esforços em referência a essa empresa, tendo falhado a compensação pecuniária, pois ninguém dirá que o eram os juros correntes na província de S. Paulo, que a filial do Banco Mauá carregava na conta corrente aberta para auxiliar na construção da estrada.

Na ocasião a que me refiro disse-me o Sr. Fox, para mais tranquilizar-me, que se ocupava de uma apreciação minuciosa do estado financeiro da empresa, comprando e estimando cuidadosamente assim o que estava feito, como o que restava a fazer, para chegar à conclusão da grande obra de que estava encarregado.

Efetivamente, com data de 29 de fevereiro de 1864, me mandava o Sr. Fox uma cópia de sua rigorosa apreciação pela qual patenteava que, esgotado o último real que tinham os empreiteiros a receber, haveria um déficit de £154.862, sem falar no déficit já verificado, que se achava representado no alcance para com a casa Mauá em £130.000.

De posse dessa informação, de que o seu engenheiro residente me mandou cópia, de sua letra e punho, o que fez a diretoria em Londres! Em vez de encarar a questão de uma maneira franca, leal e direta, como cumpria a homens honrados, trataram de realizar o famoso contrato suplementar de 8 de abril de 1864, pelo qual como isca deram £30.000 pagas desde logo, e a promessa de outras 30.000 a pagar no fim da obra e por esse meio se apossaram de capital alheio já empregado na construção (cerca de £130.000) além da maior despesa estimada, sendo ainda estipulado nesse contrato leonino que os empreiteiros vendiam por tão ínfimo preço todo o direito que tinham ao pagamento de extras (serviços feitos além do contrato) e obrigavam-se a fazer todas as obras e alterações nas plantas em que se baseava o contrato original, que fossem exigidas pelos engenheiros da companhia!!

Conseguido esse contrato suplementar qualifiquei-o de fraudulento, como o próprio Sr. Aubertin o declarou em suas publicações, por ter sido feito com ciência e consciência de que um terceiro era lesado, e exigindo de mais a mais novas obrigações que só podiam ser satisfeitas à custa do capital e do terceiro lesado, visto que sabido positivamente que seus empreiteiros não podiam responder pelo que assinavam, ao passo que o terceiro lesado não tinha escolha; pois, comprometido como se achava, forçoso lhe era concluir a estrada a sua custa, como o fez, para ir buscar na sua renda (com que contava seguro) a indenização que por todas as leis lhe era devida.

Esse direito tinha o seu fundamento na lei natural, que não consente que alguém se enriqueça com o capital alheio sem indenização, e um contrato feito nas condições expostas não passava de uma fraude patente e provada, que jamais podia servir para romper os fundamentos sólidos que amparavam tão bom direito.

Assim, pois, a resistência da companhia de não pagar o que devia, tinha por base uma fraude, preparada de antemão, pois a ordem, confessada pelo Sr. Fox, de entregar certificados falsos das obras que se executavam pondo à margem a condição essencialíssima do contrato de pagar os serviços feitos segundo a tabela anexa ao contrato, não tinha outro alcance senão o de apoderar-se de alheio capital que ela sabia era adiantado por terceiros.

Consumaram a fraude pelo contrato suplementar, e julgando-se a diretoria segura do esbulho, depois de praticado esse escandaloso ato de má fé, ei-la que quis fechar a abobada que encerrava o edifício fraudulento (na frase do ilustrado Dr. Lafayette, hoje ministro da justiça, que, como jurisconsulto, examinou a questão) escrevendo-me a carta de 6 de maio de 1864, pela qual repudiava toda a responsabilidade em referência aos adiantamentos realizados, de capital efetivamente empregado na construção de sua estrada!

Ainda mais: a impudência e o cinismo do Sr. Heath foram a ponto de declarar em uma circular aos acionistas, publicada em Londres com a sua assinatura, que todos os adiantamentos feitos que constituíram a reclamação, o foram depois de recebida por mim aquela carta! — o que, escrito na Inglaterra, com o desplante que a asserção envolvia, tinha na verdade o alcance de esmagar a reclamação perante a opinião pública, se fosse verdade, ao passo que o Sr. Heath, homem versado em contabilidade, não tinha mais do que ler essa mesma conta corrente, aonde encontraria debitadas as letras aceitas e não pagas pelos empreiteiros que representavam os adiantamentos até 31 de março de 1864 — com expressa declaração do fato, nas próprias letras!

E o que diremos de não ter pago a diretoria nem um vintém por conta dos dispêndios realizados na construção da estrada sob a responsabilidade de seu próprio engenheiro residente, desde o 1º de outubro de 1866 em que os empreiteiros se retiraram, até 26 de julho de 1867, tendo sido por mim cumpridas religiosamente até essa data todas as condições do contrato de construção?

E o que diremos ainda de não ter pago a companhia até aquela data — 26 de julho de 1867— o excesso do dispêndio com as estações — fixado em 60.000 no contrato original, apesar de ter em suas mãos certificados de seus engenheiros que representavam mais de £29.000 desembolsadas pela filial de Santos e aumentado assim o saldo a favor da empreitada, para poder considerar realizadas por conta dela todas as obras de reconstrução e adicionais que se fizeram durante o prazo da conservação, na qual os empreiteiros eram apenas obrigados a despender £200 por milha.

E o que diremos da inaudita asserção do Sr. Heath em relatório apresentado aos acionistas da companhia, no qual teve a ousadia de afirmar que, abandonadas as obras pelos empreiteiros, a companhia teve de concluí-las a sua custa! — Quando nem um vintém havia ela desembolsado desde o primeiro de outubro de 1866 até 26 de julho de 1867, sendo tudo feito à minha custa, e mesmo depois, que, cansado de suportar tantas maquinações em que a má fé estava patente, me vi abraçado a não continuar dispêndios a que nem o próprio leonino e lesivo contrato obrigava.

Fazendo a companhia uso dos dinheiros em seu poder, que não quis entregar a seu dono, achou-se com recursos alheios para fazer e desfazer o que lhe pareceu, executando obras adicionais a que não tinha — nem uma sombra de direito — e depois de decorridos alguns anos, feita uma liquidação a seu modo, em que a outra parte nem foi ouvida, foram os empreiteiros convidados a receber um *saldo* de £9.703! Pois se a companhia concluiu as obras a sua custa, como teve o Sr. Heath o desplante de asseverar em plena assembleia geral dos seus acionistas que tinha saldo a entregar aos empreiteiros! Uma liquidação de contas feita por semelhante modo era na verdade a coisa mais cômoda do mundo!

Por isso a companhia chicanou dez anos para impedir a discussão dos fatos no Brasil, aonde o ferro em brasa da verdade a esmagava ao passo que os contratos leoninos, amparados por contratos fraudulentos na Inglaterra, pelos quais amarravam os empreiteiros, davam-lhe esperança de excluir-me da discussão por não ter tido parte nele, conforme o rigor do direito inglês!

Ainda tornando o contrato primitivo no rigor de suas disposições leoninas, eram os empreiteiros obrigados a executar obras segundo as plantas que lhe eram fornecidas pelos engenheiros da companhia, obras as quais, depois de aceitas pelo engenheiro residente, tinham os empreiteiros obrigação de conservar durante um ano. Pois bem, ousará a companhia dizer que muitas dessas obras, destruídas pela intervenção de verdadeira força maior representava nas chuvas torrenciais que se deram, dois, três e quatro anos depois de aceitas e pagas pela companhia, não foram reconstruídas com o dinheiro retido indevidamente por meio dos certificados falsos a que me referi? E tendo essa boa gente ciência e consciência de que o dinheiro por tal forma retido não pertencia aos seus empreiteiros.

E é uma reclamação destas que envolve fatos e que se provam até à evidência, que aquela diretoria de respeitável companhia organizada em Londres, entende que venceu no Brasil, por que os tribunais declinaram da competência de julga-los?! A pretensão é irrisória.

Tenho mais confiança nos tribunais ingleses, e desde que me for possível apresentar a reclamação lá, ela tem hoje de ser apreciada sob dois aspectos distintos; a primeira apreciação refere-se aos fatos relativos à construção da estrada de ferro, que tem de produzir a indenização que a justiça desses tribunais arbitrarem; a segunda tem por base outra apreciação de mais elevada esfera, que também hei de confiar à justiça dos tribunais Ingleses — provando até a evidência, que o desastre financeiro de que fui vítima teve origem nos atos fraudulentos praticados pela diretoria para fugir ao pagamento, socorrendo-se a esses meios torpes a fim de adiá-lo, e resultando desse adiamento o desastre; não só a equidade, porém a justiça da mais fácil demonstração estabelece direito perfeito a outra indenização cuja cifra é incalculável.

Os argumentos de irresistível procedência, e os documentos valentes que põem esta reclamação na alta esfera em que roda a justiça mais bem demonstrada, acham-se reunidos aos autos em que houve a sentença contrária, de ruidosa notoriedade pública. Essa sentença, porém, não tocou no direito, deixou-o em pé, e tem contra si o ser proferido contra outra sentença passada em julgado no mesmo tribunal em que a mesma ideia foi por outra forma apreciada; sendo por ela declarados competentes os tribunais brasileiros como exigia o direito, a justiça, e até a dignidade nacional; e nem podem haver duas verdades diametralmente opostas, tratando-se de um e mesmíssimo ponto.

Um grande consolo me resta no meio de tão grande infortúnio, pois qualquer que seja a reparação que se possa obter dos tribunais ingleses virá tarde: o mal que me tocou em partilha é irremediável.

Ao passo que o bem, que resultou da minha intervenção, foi transcendente.

Exposição aos Credores e ao Público

A companhia inglesa estava em condições de ruina absoluta, pois com seu capital esgotado, sem crédito, achando-se suas ações na praça com enorme desconto, não obstante a garantia do Brasil, declarando o seu presidente publicamente que os banqueiros recusavam qualquer adiantamento, e sendo forçada a emitir uma pequena soma de debentures para acudir a maiores urgências, só pôde conseguir metade da quantia, e isso devido à minha eficaz coadjuvação, achando-me na ocasião em Londres.

Eram tão críticas as circunstâncias da companhia que o seu presidente viu-se obrigado a declarar ao ministro do Brasil — se me não fazeis já um empréstimo de cem mil libras esterlinas, vou daqui ao Stock Exchange declarar falida a companhia (documento oficial junto aos autos) Foi em tais condições que as obras continuaram no Brasil até a conclusão da estrada, pois estava definitivamente aceita pelo governo antes de 26 de julho de 1867, quando eu suspendi os adiantamentos, não tendo a companhia pago um vintém desde o 1º de outubro de 1866!! Isto quanto à companhia. Quanto à província de S. Paulo: se meus adiantamentos não se tivessem dado (desde 1863 a 1864 sob a base de um direito perfeito dos empreiteiros) e depois de realizadas as combinações fraudulentas por parte da diretoria, devido à necessidade de salvar o enorme capital já empregado na estrada, a falência dos empreiteiros nessa ocasião teria operado a ruina da companhia — ou se pudesse ser salva por quaisquer combinações de crédito, não se achando esgotado todo o seu capital em 1864, teria de despender pelo menos mais um milhão de libras esterlinas, e os empreiteiros baseados nas declarações positivas e categóricas dos engenheiros da companhia, que eram lei para o caso, quanto a extras teriam exigido e obtido indenização tal dos tribunais ingleses que completariam a ruina da empresa, dando assim lugar a que a estrada só pudesse ficar pronta meia dúzia de anos mais tarde — deixando assim a província de S. Paulo de poupar pelo menos quinze mil contos durante essa meia dúzia de anos. Isto já eu disse em meu relatório aos comanditários da casa Mauá em 4 de maio de 1870.

E finalmente, o governo imperial obrigado a continuar o pagamento da garantia de juros durante essa meia dúzia de nós, despendem mais oitocentas e quarenta mil libras esterlinas antes que a estrada prestasse serviço! É sem dúvida um consolo ter a minha intervenção, amparado tão grandes interesses. Foi ela, porém, a causa primordial da minha ruina; — tal é a justiça dos homens!

Ainda um gemido, e tratando deste grande assunto será o último.

No momento em que a construção da estrada se operava com todos os elementos à disposição dos empreiteiros, derramados nos trabalhos da primeira e segunda seção mais de *cinco mil trabalhadores*, eram tão grandes as *dúvidas* no ânimo das influências da província de S. Paulo quanto à conclusão da estrada, que os poderes provinciais decretaram, *nessa ocasião*, a fatura de uma *estrada de rodagem*.

A influência da maior *demanda* sobre o preço do *trabalho*, foi *desde logo* de 600 a 800 rs. Diários por braça (invoco o testemunho de toda a província de S Paulo); e essa diferença *no custo* da estrada de ferro — foi *pelo menos* de *dois mil* contos, que ulteriormente, devido aos fatos supervenientes, vieram pesar sobre minhas finanças.

Não imaginava eu semelhante possibilidade, quando, redigindo uma representação ao governo imperial em nome de Roberto Sharpe & Filhos, que se queixavam dos sacrifícios que lhes impunha a maior demanda no preço do trabalho para semelhante fim dizia: tem-se visto estradas de rodagem arruinadas pela competência com estradas de ferro; — não há exemplo, porém, de uma estrada de ferro ser vencida por uma estrada de rodagem; a tentativa, pois, é insensata, a não terem em vista as influencias, que a decretaram, suprir a falta de meio circulante que sente a província, derramando em pura perda na circulação a soma que se vai gastar.

E assim sucedeu: mal estava acabada essa estrada, quando se ouviu na capital da província o sibilo agudo da locomotiva! E ninguém mais se lembrou da estrada de rodagem.

No entanto, quem foi a grande vítima daquela insensata deliberação! — A consciência de cada um o dirá.

Estrada de Ferro D. Pedro II

O público não tem a mínima ideia de que me coubesse em partilha prestar algum serviço a esta empresa, porque, acostumado eu a jamais fazer valer os meus serviços, guardei silêncio. Hoje, porém, que nenhuma aspiração me pode ser atribuída, é necessário trazer a publicidade todos quantos encerrando interesse público, foram por mim ocultados ou sepultados no esquecimento.

Recebida aqui a notícia de ter sido contratada a construção da primeira seção da estrada de ferro D. Pedro II pelo ministro do Brasil em Londres, o chefe do ministério nessa época, o então Visconde de Paraná, ficou contrariadíssimo por ter aquele funcionário afastando-se completamente de suas instruções, que eram obter o capital necessário para a construção da estrada, e não contratá-la por conta do governo.

Na manhã seguinte ao dia em que essa notícia foi recebida, visitei a S. Ex. (o que eu fazia com a maior frequência nessa época) e achei-o irritadíssimo; falava ele em demitir o ministro e mesmo repudiar o contrato! Nos termos que me eram peculiares tratei de acalmar a irritação, fazendo sentir a S Ex. os grandes inconvenientes de um tal procedimento.

Tudo quanto dizia respeito a estradas de ferro era para mim nessa ocasião assunto sobre o qual o mínimo descrédito me assustava, — vendo eu nessa ideia o futuro da prosperidade do Brasil.

Deixei o ministro convencido, e resolvido quanto ao plano a seguir, que era criar-se uma companhia encarregada da construção, incumbindo-me S. Ex. de formular e redigir os estatutos, que com algumas alterações foram os publicados.

Organizada a companhia foi o Banco Mauá & C. escolhido pela diretoria para depositário dos fundos a recolher-se dos acionistas, sem dúvida porque o grande banco de circulação, pouco tempo antes criado, não oferecia pelos seus estatutos as mesmas vantagens e facilidades no movimento de fundos depositados em conta corrente, que ofertava ao público a instituição de crédito da qual eu era chefe.

Chegando nessa ocasião, pouco antes ou pouco depois, o empreiteiro que contratara em Londres a primeira seção, o qual me trouxe uma carta de apresentação, abriu ele também sua conta corrente no Banco Mauá & C., reconhecendo a vantagem de o fazer pela liquidação dos cheques entre uma e outra conta.

Desde o segundo ou terceiro pagamento que tinha a companhia de efetuar em virtude do contrato assinado em Londres, surgiram dificuldades muito graves entre a diretoria e o empreiteiro (felizmente estão ainda vivos a maior

56

parte dos diretores, e o livro das atas das sessões da diretoria deve registrar os fatos).

As coisas chegaram a ponto de dizer-me Price, com todos os sinais de uma resolução (tomada):- rompo o contrato, faço o meu protesto, e sigo para Londres a expor ao público como no Brasil se entendem os contratos, e reclamar indenização.

Examinei as condições do contrato assinado em Londres, e reconheci que Price tinha razão, pois as exigências da diretoria não se achavam autorizadas pelas estipulações respectivas, embora em princípio fossem razoáveis; e infelizmente, firmada nessa convicção, havia ido demasiado longe em suas declarações, achando-se estabelecido um dilema de ferro — ou a diretoria se demitia, desautorizada pelo governo imperial, com o desprestígio que dali resultava, ou seguiam-se inevitavelmente as consequências da resolução de Price, que me pareceu inabalável; um golpe mais ou menos fundo no crédito do Brasil em Londres e uma punhalada que feria bastante a menina dos meus olhos (a construção de estradas de ferro no Brasil com auxílio dos capitais europeus, quando para o futuro fossem procurados).

Compreendi que era um caso sério, e estando em meus hábitos resolver com decisão, não hesitei. Dirigi-me ao Sr. conselheiro Ottoni, e declarei-lhe que assumia a responsabilidade que a diretoria julgava necessária. Aceitou S. Ex. que a prontamente a minha oferta.

Tive, porém, grande dificuldade com Price, que recusava-se obstinadamente a prestar uma garantia que seu contrato não lhe impunha; — convenci-o a final fazendo-lhe ver que qualquer das duas soluções anteriores criava uma situação desagradável, que podia ser evitada; que minha intervenção era completamente desinteressada; que assumindo essa responsabilidade, tinha unicamente por fim evitar complicações.

Price compreendeu que um motivo nobre me impelia e cedeu, sendo em seguida lavrada e assinada por mim uma escritura de responsabilidade avultadíssima nas notas do tabelião Fialho, de que não me resultava, nem podia resultar-me benefício algum, pois eu era levado unicamente pela ida generosa de prestar algum serviço ao meu país, e tão desinteressadamente, que, recebendo no fim da construção da primeira secção da estrada, um ofício em nome da diretoria, firmado pelo Sr. conselheiro Ottoni, agradecendo-me os relevante serviços que eu havia prestado sendo este o único de que me recordo), guardei silêncio, e quase segredo do fato e dessa de sorte que ainda hoje haverá, quando muito, uma dúzia de pessoas que disto tenham conhecimento! Quantos indivíduos no Brasil ou fora dele teriam este procedimento?

Caminho de Ferro da Tijuca

Foi esta uma empresa que em seu começo teve apenas a minha simpatia, como era natural de suceder, desde que se tratava de melhorar o trânsito entre a cidade e um dos seus arrabaldes mais salubres.

O Dr Cochrane, ao organizar-se a companhia que tomou a seu cargo a construção da estrada de ferro de D. Pedro II recebera do governo £30.000, compensação que lhe era inquestionavelmente devida pela tenaz perseverança com que lutara durante longos anos pela realização dessa via férrea, incorrendo em dispêndios de maior ou menor vulto nesse empenho, embora o prazo do contrato se achasse vencido. Para os governos honestos a equidade é sempre justiça, e as £30.000 foram entregues ao lidador incansável.

Abriu ele sua conta corrente no Banco Mauá com essa quantia, e logo após começaram seus esforços para levar avante o cometimento de que me ocupo. Declaro que não tive fé no resultado financeiro da empresa.

Declarei, pois, ao Dr. Cochrane que não contasse comigo para nada; que apenas subscreveria algumas, porém poucas ações, para que se não dissesse que deixava de aparecer meu nome em uma empresa útil (era ainda a época da dedicação sem limites aos melhoramentos materiais do país); mais tarde o Dr. Cochrane fez uma distribuição de ações e, para animar os acionistas que procurava obter, anexou uns prazos de terras que subiam até os pontos mais inacessíveis das escarpadas montanhas da Tijuca a cada lote de 22 ações.

Declarei ao Dr. Cochrane que me não animava a perspectiva de ser proprietário de tais prazos, e tenazmente resisti às suas instâncias de subscrever número de ações correspondentes a muitos prazos, consentindo afinal em ficar com 44 ações por condescendência, na importância de 8:800 $, que desde logo julguei perdidos. Prosseguiu a empresa o seu caminho e o desastre financeiro se foi patenteando. Nessas circunstâncias, fizeram-se esforços desesperados para conseguir de fortes adiantamentos que as condições da companhia tornavam necessários: não concordei com coisa alguma.

Em seguida tive de fazer uma das muitas viagens que as proporções gigantescas, que assumiram as transações monetárias da casa de Montevidéu, aconselhavam, e em meu regresso encontrei realizado um grande empréstimo à companhia do caminho de ferro da Tijuca sob a responsabilidade individual das firmas dos diretores da companhia, que nessa ocasião se consideravam boas, sendo a de um deles muito boa. Nada tive que objetar a uma transação, que parecia ter ótima garantia, e mesmo não podia mais interpor o meu voto.

Seguiu, porém, seu caminho o desastre financeiro, e não amortizada, antes consideravelmente aumentada a dívida ao Banco Mauá, além de outras responsabilidades para com terceiros, em assembleia geral dos acionistas da companhia foi resolvido entregar a empresa ao banco em pagamento do seu débito. E apresentando-me o Sr. Ginty, engenheiro da fábrica do gás, em quem eu confiava, cálculos e demonstrações favoráveis a substituição do serviço de locomoção que a companhia desempenhava pelo vapor, minha confiança nesse engenheiro, e a ideia favorável que me inspirava o emprego da força motriz representada nessa potência, me fez aceitar a sugestão proposta.

Tratei desde logo de liquidar a responsabilidade subsidiária que se achava representada nas firmas, dos três diretores em letras a favor do banco. Um dos diretores, porém, se achava já então legal e materialmente impossibilitado de honrar sua firma. Um outro diretor, que se acreditava ter alguma fortuna, declarou-me terminantemente que não a sacrificava para pagar uma dívida que não era sua e sim da companhia, que se eu insistisse talvez não encontrasse de que lançar mão — e o terceiro responsável, despachante de grande nomeada e que passava por sócio de uma casa de importação inglesa de primeira ordem, e era considerado homem de grande fortuna, declarou-me em termos de fazer fé, que só entrava com uma terça parte do débito por que era responsável, única que tinha na mente ao endossar as letras, visto que aos outros dois endossantes competia igual quota de responsabilidade.

Não houve argumentos que o convencesse de que sua responsabilidade era solidária, e durante as discussões havidas fiquei convencido que se tinha acautelado, para que a execução o encontrasse sem bens a dar a penhora que correspondessem nem mesmo a cifra que oferecia entregar:

Para não perder tudo, aceitei o que ele quis dar, e o novo serviço de locomoção a vapor se achou onerado com um grande débito desde o começo, e os dispêndios para montar esse mesmo serviço, sendo grandes, em breve se conheceu que, em vez de salvar coisa alguma, um prejuízo de mais 300 contos tinha de ser adicionado à quantia original.

Da Inglaterra, onde me achava de 1864 a 1866, manifestei minha repugnância em continuar um serviço, que não deixava renda liquida, e ao regressar, dizendo-se-me que era preciso um forte remonte de trilhos, desanimei, e mandei levantar os velhos que existiam, liquidando-se em seguida a empresa com um prejuízo ao Banco Mauá de mais de 700 contos! Outros capitais são agora favorecidos com renda suficiente, nesse mesmo serviço.

Algo que não é novidade na história financeira do mundo!

Botanical Gardens Rail Road Company

Ligavam-me laços de amizade com o finado conselheiro Cândido Baptista de Oliveira, que foi quem teve o pensamento original desta empresa.

Obtida por S. Ex. a concessão foram constantes os seus esforços para conseguir que sua ideia desse fruto. Esmagado com o peso de imensos afazeres não me foi possível anuir a seus desejos, de levantar os meios de realizar o pensamento, e falhando todos os seus esforços para obtê-los por outros canais, declarou-me S. Ex. que suas finanças se achavam desequilibradas, que precisava urgentemente para solver compromissos, de uma soma de dinheiro, e que da minha amizade esperava que a fornecesse em troca do privilégio do caminho de ferro de Botafogo. Não podendo resistir ao pedido, anui aos desejos do meu amigo e lavrou-se a escritura.

Fiz então grande esforço para levantar o capital necessário por meio de ações, e cheguei a redigir e submeter à aprovação do governo os estatutos de uma companhia (estatutos que ulteriormente aceitou a Botanical Gardens tal qual haviam sido por mim confeccionados); fui malsucedido. O descalabro conhecido da companhia da Tijuca pesava com mão de ferro sobre esta ideia análoga: ninguém queria ações!

E com aquele mesmo fato produzindo desânimo em meu espírito, não me animei, como em tantas outras ocasiões, a levá-la avante com os meus recursos, o que foi na verdade um grande desacerto, como os fatos vieram demonstrar.

Durante a minha última viagem à Europa, nos fins de 1871 os que se achavam encarregados da gestão de meus negócios fizerem cessão dos direitos que me pertenciam ao representante de capitalistas americanos, que conseguiu organizar uma das mais lucrativas empresas que se conhecem nesta capital, devolvendo-se-me escassamente o capital que eu havia desembolsado e seu retorno.

Estrada de Ferro de Antonina a Curitiba

Feita a concessão desta estrada ao finado Dr. Antônio Pereira Rebouças pelos poderes provinciais da província do Paraná, fui instado para associar-me ao concessionário, que se achava sem meios de prosseguir nos estudos, afiançando-me ele que meu nome o habilitaria a conseguir da legislatura da província metade do preço estimado em que os estudos mais completos teriam de importar; foi mesmo invocado um nome altamente colocado, que prometia sua proteção à realização dessa estrada.

A importância desse melhoramento para a província do Paraná pareceu-me evidente. Havia eu feito algum estudo dessa rica porção do território pátrio; havia devorado com atenção escritos antigos e modernos sobre as condições topográficas da província; — sua marcha econômica e financeira não me era nada desconhecida. — Relações de sangue ligando-me mesmo a muitos de seus filhos, e apreciando o nobre caráter de seus habitantes não tive por que hesitar, achando-me nessa ocasião em condições de prosperidade manifestas.

Prestei ao Dr. Rebouças tudo quanto de mim foi exigido, e os trabalhos de engenharia mais perfeitos foram por ele e seus ajudantes executados, tendo ele também obtido por sua parte auxílio pecuniário da província para esse fim.

Prontos esses trabalhos, me foram a Londres enviados, em 1872. Eu os submeti ao exame e apreciação do engenheiro de grande reputação o Sr. Brunlees, além do exame e apreciação do Sr. Dr. Passos, com quem travei relações de amizade durante minha viagem para a Europa em 1871. — O Sr. Brunlees me declarou nada deixarem a desejar esses trabalhos gráficos — elogiou-me o esmero e cuidado com que haviam sido feitos os cálculos, divergindo, porém, quanto ao custo total da obra que elevou a mais 2,500 contos do que o Dr. Rebouças; — e o Sr. Dr. Passos com conhecimentos práticos de nossos terrenos, depois de ter feito o seu estudo, também foi de opinião que 1 500 a 2,000 contos mais teriam de ser despendidos além do capital garantido pela província.

De volta ao Brasil, aguardava ensejo favorável para promover a realização de tão útil empresa, quando a morte do Dr. Rebouças, na ocasião em que seus serviços podiam ser tão uteis, tendo ele ligado desde o começo seu nome a essa empresa, faltando-me com seus estudos e prática da província, privou-me do auxílio que essas condições envolviam.

Exposição aos Credores e ao Público

Nessa ocasião surgiram as antigas rivalidades entre os habitantes de Antonina e os de Paranaguá a criar dificuldades, querendo os últimos que a estrada partisse do seu porto, e aproveitando-se da influência do governo, de elementos pessoais, obtiveram concessões no sentido de suas ideias; assim outra empresa em condições de êxito se apresentava no caso de levar avante a estrada por outra direção que não aquela que fora com sacrifício meu estudada.

Alheio a essas intrigas locais, pois como brasileiro jamais me associei a ideias de bairrismo, encarando sempre de mais alto os melhoramentos materiais do país, — não hesitei em declarar ao outro empresário que de bom grado lhe cederia os direitos que ainda me restassem, se ele tinha elementos de sucesso seguros, sendo-me indiferente que a província conseguisse o melhoramento por meu intermédio ou de qualquer outro, e até creio que assinei não sei o que relativamente a essa cessão de direitos, pois ao grande pensamento que me arrastava com entusiasmo — a estrada de ferro do Paraná ao Mato Grosso, com seu complemento ulterior em direção ao centro da Bolívia, de que me ocuparei em outro capítulo — era indiferente que a estação terminal no litoral fosse em qualquer ponto, contanto que se reconhecesse ser o mais apropriado ao tráfego que uma linha interoceânica devia atrair ao porto de exportação.

O certo é que da estrada de ferro de Antonina a Curitiba devido a essas ocorrências, resta-me apenas o dispêndio que tive de suportar na importância de 52:257$450, que não quis mandar levar a lucros e perdas até mais ver!

Estrada de Ferro do Paraná a Mato Grosso

Em 10 de julho de 1875 escrevia eu sobre esta empresa o que se segue:

O contrato de 22 de setembro de 1871 (ulteriormente modificado pelo de 17 de julho de 1872) elaborado no intuito de realizarem-se os estudos de uma via férrea, que da cidade de Curitiba, capital da província do Paraná, se dirigisse a Miranda na província de Mato Grosso, foi surpreender-me em Londres, em dezembro de 1871, vendo meu nome incluído entre outros requerentes os Srs. William Lloyd, Antônio Pereira Rebouças, Capitão Palm e Dr. Thomas Cochrane, que aceitaram essa concessão.

Apesar de eu ter consentido, antes da minha partida para a Europa nesse ano, em associar-me a essa ideia, que encarei, logo que me foi sugerida, como um pensamento vasto e fecundo, sendo o primeiro passo para a realização da via férrea, que tem de atravessar a América do Sul em época mais ou menos distante, todavia não esperei que semelhante concessão nos fosse feita, pois me são por demais conhecidos os embaraços que os espíritos rotineiros e de ideias mesquinhas opõem à ação do governo no tocante à realização de qualquer dos muitos melhoramentos materiais de que carece o abençoado torrão que constitui o majestoso Império do Brasil, para converter em riqueza os germes de prosperidade, e recursos inexauríveis derramados sobre a vasta extensão de seu imenso território.

Aqueles a quem faltaram a energia e força de vontade necessárias para levar ao cabo realizações de alcance elevado impugnam com mordaz severidade todo o esforço dos poucos que entre nós ousam superar as dificuldades e os perigos da iniciativa de qualquer ideia útil, que pela sua magnitude não pode caber dentro da medida estreita a que a mediocridade quer sempre sujeitar o que não está em suas forças apreciar.

Para esses afigura-se uma utopia a ideia de uma estrada de ferro que, partindo do ponto mais conveniente do litoral da grande baba de Paranaguá, vença mais uma vez a formidável barreira que a Serra do Mar interpôs para dificultar o estabelecimento de um sistema de viação aperfeiçoado, que ponha o nosso magnífico interior em condições de concorrer com um contingente imensamente grande para o aumento da riqueza nacional e natural desenvolvimento das forças vivas do país.

Pensem como quiserem os pessimistas, guiadas essas forças pela inteligência superior que felizmente ocupa o trono sempre fiel ao desempenho de sua elevada missão, e auxiliadas em sua marcha pelo regime governativo que o país adotou, seja qual for a opinião política que alternadamente esteja de sentinela ao sagrado depósito das instituições e responda perante a sociedade brasileira pelo exercício do poder público, de modo a satisfazer as justas exigências e legítimas aspirações da mesma sociedade, irão essas forças triunfar sobre todos os obstáculos, e permitir que o carro do progresso siga desimpedido, conduzindo o grande império americano aos altos destinos que suas gigantescas proporções lhe asseguram entre as nações cultas.

Aprouve à Augusta Princesa Imperial Regente do Império, na ausência de S. M. o imperador, assinar o decreto primitivo dessa concessão, modificadas depois as condições respectivas em virtude de reclamação minha, parecendo-me que não tinham sido bem apreciadas as dificuldades da execução de tão magno trabalho pelos outros senhores que haviam aceitado as condições primitivas, ainda assim reclamei essas modificações a medo, com receio de que se quisesse atribuir o meu procedimento à má vontade falta de coragem em aceitar um compromisso sério que importava, no meu pensar, abrir a porta realização de um grande pensamento.

Calculado por mim em mais de mil contos de réis o dispêndio necessário para serem executados trabalhos de tamanha importância, em presença das dificuldades naturais que íamos enfrentar, tive de sondar o terreno quanto ao auxílio pecuniário que era possível reunir na praça de Londres depois de desenganado que não entrava nas vistas de meus companheiros de concessão concorrer com sua quota para levar avante a ideia, e sendo intransferível a concessão.

As propostas que obtive entre os que dispõem em Londres de pessoal técnico para semelhantes trabalhos, com o fim de se apropriarem de concessões ulteriores, foram de tal natureza que aceitá-las era incorrer em descrédito financeiro, e ainda por cima cativar o futuro da empresa às exigências desarrazoadas da especulação. Fiquei, pois, colocado no dilema de abandonar a concessão ou fazer pesar exclusivamente sobre os meus recursos financeiros a despesa avultada que exigia os estudos de obra tão colossal.

Atuavam em meu espírito por um lado as decepções que havia tido com outras empresas por mim levadas ao cabo mediante sacrifícios sem conta e com tenacidade nunca desmentida, nas quais arrostei dispêndios avultadíssimos de preferência a ver abortar obras da maior transcendência a que se ligava o meu humilde nome; por outro lado convencido que a estrada de ferro, de que se trata, respondia a altas conveniências em que os interesses econômicos, financeiros e políticos do país eram bem consultados, senão desde logo, em época não muito distante, resolvi, mais uma vez, enfrentar sozinho as dificuldades monetárias que a execução do trabalho reclamava.

Todos os elementos, quer de pessoal, quer do material que convinha reunir na Europa, foram lá cuidadosamente atendidos e ao capitão Palm, ao qual pede a justiça que eu declare pertencer a iniciativa desta ideia e que devia pessoalmente dirigir os trabalhos científicos, nada faltou, agregando-se-lhe aqui tudo quanto podia assegurar a execução de tão grande cometimento.

No mês de julho de 1872 partiu a expedição dividida em quatro turmas para os seus respectivos destinos, contando desde o começo dos trabalhos com um pessoal de 16 engenheiros e 76 auxiliares.

Cumpre aqui render homenagem à memória do distinto engenheiro sueco o capitão Palm, ao qual, como fica dito, havia eu encarregado de organizar e dirigir os elementos e recursos de toda a classe destinados a dar execução aos estudos que se iam empreender e que efetivamente dirigiu durante os primeiros tempos, conseguindo vencer dificuldades que por momentos pareciam insuperáveis, até que seu prematuro passamento nos privou de seus valiosos serviços e dedicação (que podiam ser igualados mas não excedidos) no cumprimento de tão árdua tarefa.

O conhecimento íntimo que eu havia adquirido do merecimento pessoal deste representante da ciência e do trabalho, nas inúmeras discussões que com ele tive em Londres relativamente ao magno assunto que era objeto dessas conferências, me fizeram conceber as maiores esperanças na aquisição de seus serviços em referência às vias férreas do nosso país.

Além disso Sua Alteza Real o Príncipe Oscar (hoje Rei da Suécia) em carta que me fez a honra de dirigir, datada de Estocolmo a 9 de abril de 1872, me havia recomendado esse cavalheiro nos termos mais explícitos e eficazes sob qualquer ponto de vista em que uma recomendação pode ser considerada, não só relativamente ao profissional como em respeito ao caráter do homem, e com efeito, como era de esperar, o recomendado correspondeu dignamente aos dizeres de tão alto protetor.

Encontrei nele uma alta inteligência, honradez a toda a prova, aptidão inexcedível e uma dessas vontades que só conhecem dificuldades para as vencer, sendo que por tal forma me impressionaram os dotes do capitão Palm, que, quando a morte tão intempestivamente lhe cortou o fio da existência, assaltou-me o receio de que a árdua tarefa a cargo havia sofrido um revés que podia trazer consigo a desorganização de todo o serviço em andamento. Felizmente, porém, o estado maior por ele escolhido era tão completo que o mecanismo continuou a funcionar, até que o distinto engenheiro o Sr. Lloyd, um dos concessionários, veio da Inglaterra substituir o finado, e correspondeu dignamente à sua reputação científica adquirida e firmada na execução de obras idênticas, mesmo na América do Sul, garantindo-nos o complemento dos estudos do modo satisfatório por que foi concluído.

Com efeito, os trabalhos gráficos, e documentos relativos a perfeita e acabada execução dos estudos da estrada de ferro de Curitiba a Mato Grosso, que só pôde ser realizada com tão numeroso e escolhido pessoal em dois anos e oito meses de insano e infatigável labor, já foram entregues à repartição das obras públicas, e submetidos como se acham a apreciação e exame esclarecido do pessoal científico de que dispõe essa repartição, espero e confio mereceram em breve a devida justiça.

Restava o complemento da obrigação que o contrato impunha, isto é, a entrega do relatório, que esclarece e dá vida ao volumoso e importante serviço que esses documentos representam.

O minucioso relatório do Sr. Lloyd é um trabalho que ao meu ver nada deixa a desejar; o ponto de vista prático, a parte econômica e as conveniências da empresa são tratados com proficiência tal, que excluiriam quaisquer apreciações da minha parte, se eu não fosse obrigado, pela posição em que me vi colocado, relativamente a esta ideia, a expender também algumas sucintas reflexões que me parecem ter cabimento, embora não me acompanhe a esperança de derramar maior luz sobre o importante assunto de que se ocupou em seu relatório o engenheiro em chefe e seus hábeis auxiliares na execução dos trabalhos de que foram respectivamente encarregados.

Ninguém desconhece que o Império do aos olhos de todo o homem pensador que contempla no *Mapa Mundi* a extensão de seu território e respectiva posição topográfica, a necessidade indeclinável de vias de comunicação aperfeiçoadas para que os tesouros que ele esconde em seus sertões venham auxiliar o desenvolvimento dos grandes recursos que encerra essa zona privilegiada, contribuindo assim para que a nacionalidade espalhada sobre essa superfície, alcance, porventura em um futuro não muito distante, a posição que lhe compete no congresso das nações, isto é o primeiro lugar,

A estrada de ferro que, partindo do ponto mais conveniente do litoral, siga em direção a Mato Grosso, não é simplesmente um caminho estratégico como alguns têm dito, na intenção não direi de amesquinhar, porque seria mal cabida semelhante qualificação tratando-se de um meio poderoso de melhor garantir a segurança e a integridade do território pátrio, porém no propósito de diminuir a importância da ideia.

66

É imperfeito o conhecimento que temos da imensa região que essa estrada de ferro tem de atravessar; o que se sabe, porém, chega e sobra para que o pensamento seja elevado à altura de uma aspiração nacional.

Com efeito, será pouca coisa fazer penetrar um caminho de ferro nos mais afastados confins do nosso território, conquistar ao deserto dezenas de milhares de léguas quadradas, levar-lhes a população, os meios de trabalhar, habilitar enfim os habitantes de tão remotas paragens a produzir e a consumir, concorrendo dessa forma com o seu contingente para a prosperidade e grandeza da pátria?

Será pouca coisa arrancar, por assim dizer, as ricas produções que encerram as entranhas dessa região afastada e conduzi-las por um rápido trajeto de 50 horas a um porto de mar, convertendo em riqueza o que não tem hoje valor apreciável?

Será pouca coisa converter a vasta baía de Paranaguá em novo empório de comércio, de indústria e de atividade nacional, que rivalize com a capital do Império?

Será ainda pouca coisa essa facilidade que a nova via de comunicação porá à nossa disposição para prover com segue a precisa celeridade os meios de ação que for preciso empregar em defesa dos interesses, da honra e da dignidade nacional, quando tal necessidade se der?

Oxalá que a estrada de ferro, de que se trata, jamais tenha de ser utilizada para semelhantes fins, pois sou daqueles que apreciam no mais alto grau os benefícios da paz; estarei sempre ao lado dos que propenderem para que as mais benévolas relações subsistam entre nós e os vizinhos que nos rodeiam; porém quem pode assegurar que a fatal necessidade não aparecerá no momento menos esperado?

Com a sexta parte do que se consumiu improdutivamente com a última guerra do Paraguai se teria construído a estrada de ferro de que se trata e se teriam poupado somas enormes e milhares de vidas preciosas nessa guerra a que o país foi arrastado.

Os interesses financeiros, econômicos e políticos do Império aconselham, pois, que se abra essa via de comunicação no menor espaço de tempo que for possível. Na verdade, ali temos um dilema: ou abandonar essa interessante porção do território brasileiro, que atualmente é um pesado ônus que oprime as suas finanças, ou fazê-la entrar nas condições de vida e progresso de nossa sociedade, convertendo-a em instrumento poderoso da grandeza nacional; parece que a escolha não é duvidosa! Deve constar na repartição competente, que há cento e cinquenta anos o governo português nomeou, não uma, porém duas comissões sucessivas de profissionais para estudar a via de comunicação mais fácil afim de pôr a província de Mato Grosso em contato com o litoral.

Se em tal época essa conveniência já se fazia sentir, não pôde entrar em dúvida que hoje ela não é mais uma mera conveniência, porém uma necessidade indeclinável imposta ao patriotismo dos poderes do Estado; o único estudo, portanto, a fazer é indagar qual o meio menos oneroso de a satisfazer, ou o que melhor responda aos fins que se tem em vista conseguir.

Sem vias de comunicação a imigração fora dos limites do litoral é impossível, e quando por esforços e dispêndios inconvenientes se consegue levar alguns elementos de vida dessa espécie a regiões medianamente afastadas, é para vê-las definhar com perda do capital despendido, acarretando outra perda ainda maior, o desalento que dali provém.

A potente cooperação do trabalho e do capital para a criação da riqueza só pode ser obtida sob a condição indeclinável de encontrar remuneração correspondente, e isto não se consegue sem que o produto do trabalho depare com mercados onde a ação dos princípios econômicos atue com eficácia, pois se é uma verdade que a concorrência em mercados ao alcance das combinações do comércio e mesmo da especulação inteligente, que estuda as necessidades, que a grande família humana sente das produções naturais agrícolas, ou fabris das diversas regiões do globo, só pode dar-se em localidades acessíveis a essas combinações. Abrir caminho à produção que o nosso interior pode enviar ao litoral onde essa concorrência é possível, é um dos primeiros deveres que têm a desempenhar aqueles a quem cabe a responsabilidade das deliberações nos conselhos nacionais.

Reconhecida a necessidade de levar avante a ideia de uma via de comunicação aperfeiçoada na direção indicada, restaria apreciar se uma estrada ordinária de rodagem não satisfaria melhor as exigências da atualidade, deixando que o futuro se encarregasse de melhor satisfazer aos fins que se tem em vista, sendo muita gente de opinião que aos caminhos de ferro deve preceder a construção das estradas de rodagem propriamente ditas.

Tenho opinião formada em contrário, adquirida por um estudo não interrompido dos fatos que atuam sobre essa importante questão, tanto quanto me tem permitido as variadas e múltiplas ocupações que me têm cabido em partilha durante uma existência assaz longa, nem é estranho que o assunto me tenha merecido especial atenção, desde que atender-se a que eu já pugnava com tenacidade pela introdução desse meio de viação aperfeiçoada quando a ideia era recebida com incredulidade, e até como inspiração visionária, por inteligências privilegiadas, que ocupavam posições de grande influência na governação do Estado.

Desse estudo resultou a mais profunda convicção em meu espírito de que em qualquer parte onde for julgado conveniente abrir uma estrada, para servir interesses criados ou por criar, a via férrea será sempre preferível e a mais econômica, havendo só diferença no modo de a construir. Se esses interesses se acham criados e existem dados positivos para contar-se com grande desenvolvimento de tráfego, não haverá por que hesitar em dar execução a uma estrada de ferro de primeira classe e de máxima duração, incorrendo-se mesmo em dispêndio adicional nas obras de arte e nos elementos acessórios para o bom desempenho do serviço, se bem que jamais aconselharei entre nós essas despesas fabulosas em estações monumentais de que a velha Europa nos fornece exemplos.

Ao passo que tratando-se de abrir caminhos, que respondam principalmente à satisfação de necessidades futuras, será sempre bem pensado dirigir as construções de modo a acompanhar as exigências do tráfego que se procura desenvolver. Sustento, porém, que a via férrea em todas as hipóteses, será sempre o meio de comunicação mais fácil e mais barato. A estrada de rodagem comum, mais perfeita e mais bem servida, não poderá jamais competir com o transporte pela via férrea mais imperfeita.

Mesmo nos países sul-americanos não faltam exemplos de ter a via férrea conseguido impossibilitar a concorrência do sistema de rodagem ordinária, pois o preço de transporte ficou reduzido a um terço e menos do que se achava estabelecido para percorrer igual distância, e não há como fechar os olhos a evidência, de que esse fato importa a criação do capital, na razão direta da soma economizada. O Chile, o México, o Peru e a República Argentina nos fornecem dados preciosos, que demonstram achar-se o agricultor, que produz hoje a 100 léguas de distância do porto do litoral que lhe está mais próximo, nas mesmas condições em que se encontrava o produtor que antes tinha de percorrer menos de 20 léguas; isto é, a produção remunerativa era apenas possível na distância máxima de 20 léguas, ao passo que hoje dilata-se a área dessa mesma produção a uma extensão cinco vezes maior. O que isto importa para a criação da riqueza é ocioso demonstrar.

Entre nós, o limitado número de quilômetros de vias férreas que possuímos torna já sensível o aproveitamento de terrenos em mais longínquas paragens, ao passo que as estradas de rodagem comuns não têm conseguido os resultados que se esperavam do seu estabelecimento.

Exposição aos Credores e ao Público

O bom caminho de rodagem que existe entre Antonina e Curitiba, não concorre com o menor contingente para a exportação dos belos pinheirais da província do Paraná, dessa valiosa madeira, que ainda pagamos a peso de ouro ao estrangeiro, e entretanto, acredito que dez anos depois de concluída a via férrea até o Paraná, só dali nos virá com que satisfazer ao dispêndio dessa parte da estrada de ferro projetada.

Caminhos de ferro construídos com a máxima economia, como se tem feito nos Estados Unidos, que aconselho para a via férrea que faz objeto destas apreciações, são preferíveis em todos os aspectos às estradas de rodagem comuns, que, embora custem alguma coisa a menos, demandam conservação mais dispendiosa e por forma alguma se prestam a satisfazer as necessidades a que atende uma via férrea econômica.

Se por um lado é lamentável que tão pequena extensão de vias férreas se tenha até agora construído no Brasil, por outro não deixa de ser uma vantagem digna de ponderação o proveito que é hoje possível tirar do nosso atraso a semelhante respeito.

Está demonstrado pela experiência limitada da viação férrea em atividade entre nós, que o tráfego de cargas constitui a máxima parte da renda que daí provém. Esse fato por si só nos ensina o que convém realizar doravante.

Reduzindo a despesa de semelhantes construções ao mínimo compatível com os serviços que nossas vias férreas são chamadas a desempenhar por enquanto, conseguir-se-á o seu fim principal, que é baratear os transportes, e por essa forma economizar capital ao produtor e aumentar a área de produção remunerativa.

Nada de estações de luxo, nada de excessiva velocidade, o que aumenta desproporcionalmente o consumo do material rodante em serviço, bem como deterioração da própria via férrea; nada de estado-maior desproporcionado às exigências do serviço; finalmente, severa economia quer na construção, quer nos serviços ulteriores da viação, sem faltar jamais com o necessário: eis o que eu chamo tirar partido da experiência e conhecimento dos fatos de que hoje estamos de posse. Guiados por esse farol (a experiência adquirida) prossigamos com vigor no estudo das vias férreas reclamadas pelas condições topográficas do imenso território que a Providência nos concedeu por pátria.

São passados vinte e um anos depois que a primeira locomotiva correndo velozmente de Mauá à raiz da serra de Petrópolis rompeu com o passado em matéria de viação, e apontou-nos o caminho do progresso. Nessa ocasião tive a honra de dirigir algumas palavras a S. M. o Imperador, nas quais fiz sobressair, como ponto objetivo daquela ou de uma outra via férrea, que no momento não passava de uma aspiração, mas que já encontrava eco na opinião nascente, que a locomotiva fosse desalterar-se no Rio S. Francisco, condição de vida e progresso que a imaginação se deleitava em contemplar. Confesso que me tarda ver realizada aquela aspiração que o entusiasmo me sugeria. Já então começava uma guerra surda contra os modestos esforços que eu empregava para auxiliar a marcha de progresso real do meu país nos seus primeiros passos vacilantes.

Em 1846, qualificado na imprensa, pelo finado Dr. França Leite, de partidário exagerado, sem outra base mais do que a distinção e apreço com que me honravam os Honórios, Monte-Alegres, Paulinos de Souza, Rodrigues Torres e Eusébios, contestei logo em firmado com a minha assinatura:

> *Que não éramos homem de partido; que se esses senhores nos honravam com sua amizade, outros de opinião política contrária nos tinham em igual conceito, que havíamos feito voto de dedicar toda a nossa vida aos melhoramentos materiais do nosso país, fossem quais fossem os desgostos que daí nos proviessem (palavras textuais).*

Acredito ter cumprido aquele voto, quanto permitia a minha débil inteligência, e se mais não fiz foi isso devido aos obstáculos que encontrei.

Isto escrevia eu naquela data (10 de julho de 1875) em que a minha alma, se bem que abismada na mais funda dor, abrigava, todavia, alguma esperança de que ao menos me poupassem o tragar a última gota do cálice d'amargura.

A execução desse grande trabalho, que foi por mim relatado ao governo imperial e ao público, com as apreciações despertava em meu espirito ideia tão grandiosa, ainda mentos de tão dura paga, segundo o rigor do contrato, deixando subsistente um prejuízo efetivo de 87:237 $ além dos juros, não obstante as razões de alta equidade, que amparavam a modesta exigência que fiz de ser pago na razão de 825 $ por quilômetro, ou a mínima cifra por que tivessem sido realizados semelhantes estudos por conta do governo; — sendo certo que a outros haviam sido pagos por estudos na razão de 1000 $ por quilômetro — e por trabalhos cujas dificuldades de execução não admitiam comparação de nenhuma espécie, com os fatos que atuavam para serem levados a efeito os estudos de que fui encarregado.

A nada se quis atender! Julguei tão revoltante a injustiça relativa, que não quis mandar passar lucros e perdas o prejuízo suportado, na esperança de encontrar algum governo futuro que apreciasse melhor uma reclamação que tinha um fundo de justiça tão bem demonstrado, desde que a pretendida aderência à execução do contrato, em que assentava o modo de pagamento resolvido, significava a mais repugnante desigualdade, ao passo que a simples equidade, patente e provada, é da parte dos governos justiça que a ninguém se pode negar.

Eis a explicação de se achar ainda representada na contabilidade da casa Mauá aquela verba, que em circunstâncias ordinárias teria sido levada a débito da conta de lucros e como foram muitas outras que representaram meus esforços em realizar melhoramentos materiais do país — ao passo que a malevolência perversa assoalhava com o maior desembaraço que eu era o homem que havia custado mais caro ao Brasil, e ousava-se mesmo afirmar ser eu "o mais altamente protegido", sendo certo que os fatos deixaram provado que contra ninguém no Brasil se cometeram atos em que o negro ferrete da injustiça esteja mais indelevelmente marcado.

Cabo Submarino

Foi esta uma ideia que me preocupou por longo tempo, causando-me verdadeira febre, o achar-se o Brasil segregado do mundo civilizado e alheio ao gozo do invento mais sublime que registra o século XIX. Isso devido a uma dessas concessões a especuladores de má lei que ambicionam fazer fortuna de um golpe com a realização de uma ideia conhecida, e, portanto, fora do caso em que o direito de propriedade garante ao inventor os benefícios resultantes de sua invenção.

Ao concessionário original Ballestrini foi não só feita a concessão há mais de vinte anos — porém reformado mais de uma vez o prazo e novos favores adicionados, de sorte que elementos de sucesso não faltavam para atrair os capitais europeus a esse cometimento.

Por ocasião de minha última viagem à Europa levei o propósito firme de não regressar à minha pátria sem deixar assegurada a realização de uma ideia que me parecia fundamental para a vida política, econômica e financeira do Brasil, e isto mesmo eu o disse em conversa a S. Ex. o Sr. Visconde do Rio Branco.

Ao chegar a Lisboa encontrei um telegrama anunciando-me que se achava constituída uma mesa de diretores que se propunha fazer aquisição do privilégio Ballestrini e realizar o pensamento que era uma de minhas mais vivas aspirações. Em Londres fui logo convidado para assistir a uma reunião da tal mesa de diretores, e fui informado que haviam chegado a um acordo para a compra do privilégio do cabo submarino, possuído então por um capitalista de Paris, a quem o fabrico do chocolate elevara a alta posição financeira naquela praça.

Se bem que a mesa de diretores se compusesse de indivíduos para mim inteiramente desconhecidos, os nomes de alguns figuravam em empresas telegráficas. Sobretudo o nome do Barão de Nioac no prospecto, causou-me agradável impressão; e de bom grado aceitei o convite de associar meu nome ao prospecto, assinando por assim dizer de cruz as resoluções da diretoria, visto que apenas tinha eu um único pensamento: a vinda do Cabo submarino ao Brasil no menor prazo que fosse possível.

Pronta a empresa para ser lançada no mercado, veio a luz nas folhas de Londres um protesto de Ballestrini, e a declaração em seguida da legação do Brasil não foi julgada satisfatória: A subscrição falhou!

Afastados os capitais, havia que aceitar o malogro — aguardando do governo imperial as explicações que pusessem a empresa Ballestrini fora de combate. Pareceu-me mais acertado pedir ao governo imperial que me mandasse a mim o privilégio, e desde logo comuniquei ao Sr. Visconde do Rio Branco que não era uma especulação para ganhar dinheiro que eu tinha na mente, porém só e exclusivamente a vinda do Cabo submarino ao Brasil.

No entanto os passos subsequentes da empresa em fracasso convenceram-me que estava em má companhia. Por meio de contatos fantasmagóricos trataram de dar por constituída uma empresa sem capital, o que aliás não é estranho na praça de Londres.

Resolvemo-nos então eu, o Sr. Nioac e o Sr. Chaytor, presidente do Alliance-Bank, e de várias instituições de crédito de nome, renunciar os nossos cargos de diretores. Realizado o fato, reconheci que estava na verdade rodeado de maus elementos pessoais, pois tentaram até por meio de um pleito assenhorear-se de qualquer concessão que eu pudesse obter no Brasil a respeito do Cabo submarino!

Firme no meu propósito de dotar o meu país com o grande melhoramento, reconheci que o fracasso da empresa que me tivera momentaneamente a seu lado, criava uma nova que dificuldade, que tive de superar, pondo-me logo em contato com as primeiras influências da praça de Londres em matéria de cabos submarinos, o que consegui sem dificuldade, e desde logo assegurei a esses senhores que meu único objetivo era conseguir pôr o Brasil em contato instantâneo com o mundo europeu; que não pretendia, nem aceitava, remuneração alguma pela transferência do privilégio, se ele me fosse mandado do Brasil.

Efetivamente, recebendo o decreto da concessão, entreguei-o nessas condições a influências de primeira ordem que tinham de dirigir a realização da empresa.

Dados os passos preliminares necessários por essas influências, considerou-se segura a subscrição, e reunidos os que compunham o sindicato — fui convidado a tomar parte nos benefícios que resultavam de achar-se assegurada a subscrição, e que não havendo dúvida a esse respeito, minha quota de responsabilidade era nominal; que uma coisa era vender o privilégio, e outra bem diversa partilhar dos benefícios devidos a um sindicato que tomava a responsabilidade de assegurar o capital necessário a realização da empresa; que o lucro neste caso tinha bem diversa origem. — Não me deixei fascinar; vi nisso um meio indireto de desvirtuar o pensamento que me dominava, e recusei absolutamente, consentindo apenas em fazer parte da mesa de diretores, se julgassem que meu nome podia ser de alguma utilidade, e a empresa ficou organizada com completo sucesso — levando eu os meus escrúpulos ao ponto de não exigir o reembolso nem mesmo dos emolumentos de secretaria, que a concessão do privilégio acarretava!

Abastecimento de Água à Capital do Império

Vão contados mais de 14 anos, que, durante qualquer diminuição de chuvas torrenciais, se faz sentir falta de água nos mananciais que suprem a cidade com esse elemento indispensável a vida e a higiene dos seus habitantes.

Reconheceu-se desde há muito insuficiente o maior suprimento resultante do encanamento das águas do Maracanã, executado pela repartição das obras públicas 15 anos antes, e para o qual a Ponta da Areia forneceu os tubos de ferro, que consta acharem-se hoje tão perfeitos como quando foram assentados, dependendo apenas de uma operação simples e fácil, de moderna invenção, fazer desaparecer o encrostamento produzido pela aderência às paredes dos tubos, dos sais, ou outras impurezas que as águas, mesmo da melhor qualidade, carregam em suspensão, e vão ficando depositadas nos tubos, diminuindo, no correr dos anos, o espaço ou diâmetro útil dos mesmos.

Durante o período a que me referi acima, eram longas e frequentes minhas conversas com os homens de ciência, que as necessidades das empresas, que havia criado, me obrigavam a fazer vir da Europa, à custa de não pequenos sacrifícios. O Sr. Ginty, engenheiro do gás, foi um dos que me sugeriram algumas ideias úteis, como se deve supor, em seu interesse profissional.

Realizando-se nesse intervalo a empresa de esgotos, encaramos nela um projeto útil, digno de fazer parte de sistema de medidas sanitárias calculado a remover mal-estar, que, desde 1850, interrompera os créditos de salubridade de que anteriormente gozava a capital do império. Não obstante as condições climáticas terem exercido sua influência perturbadora na estação calmosa.

Discutido o ponto entre nós, logo depois de trabalhos da companhia de esgotos, fizemos subir, pela repartição competente, a presença do governo uma proposta demonstrando a necessidade de maior suprimento de água, para que aquele grande melhoramento não se convertesse em uma grande calamidade.

Aos argumentos científicos do Sr. Ginty acrescentei as reflexões que o meu interesse constante pelo bem público me sugeriu. O Sr. Ginty continuou a ocupar-se desse assunto fazendo dele o maior estudo até que a morte o surpreendeu.

Alguns anos mais tarde, agitando-se de novo a questão do abastecimento de águas, o Sr. Gotto mostrou desejo de unir-se a mim para conseguirmos a realização de tão necessário objetivo, dizendo-me ter já adiantado estudos importantes sobre a matéria; e, fortalecida sua pretensão pela recomendação de um velho amigo meu da Inglaterra, prosseguiram os estudos à minha custa, pois tudo quanto exigia de mim o Sr. Gotto lhe foi fornecido, associando eu mesmo, mais tarde, dois íntimos amigos para não correr só com os dispêndios. Porém estes tiveram o bom senso de retirar-se em curto prazo, não querendo continuar a despender dinheiro sem base assegurada.

Completos esses estudos e apresentada a proposta, foi-nos exigido confiar os volumosos trabalhos gráficos correspondentes a repartição das obras públicas — e consultado pelo Sr. Gotto, sem hesitação autorizei a entrega de tudo quanto se havia feito, pois o contrário seria desconfiar da honestidade do governo imperial.

A condição única, e creio que até verbal, foi que seriamos indenizados, se a repartição executasse por si mesmo as obras.

Correram os tempos e tornando-se cada dia mais urgente maior suprimento de águas, deliberou-se tomar em consideração as propostas.

Foi neste momento que, ausente em Montevidéu, recebi ali uma carta do Sr. Gotto em que me apresentava o Sr. Gabrielli para que dentro de quinze dias eu declarasse se o considerava ligado a proposta que fizéramos, ou, quando não, ele se desligaria desse compromisso. Estranhando a intimação, não hesitei em mandar dizer que a aceitava disjuntiva. Nem Gotto nem ninguém me havia prevenido do poder mágico de que vinha armado o feliz proponente. O caso é que ele teve a felicidade de Cesar — chegou, viu e venceu! Pois, em quinze dias obteve o contrato que eu e pessoas competentes por mim empregadas por longos anos em vão solicitamos não recebendo nem um vintém de indenização pelas despesas realizadas!

Eis aí uma das provas da alta proteção que (no dizer de muitos) me foi dispensada durante 52 anos de vida industrial!

Estrada de Ferro do Rio-Verde

Pouco tenho a dizer sobre esta empresa.

Quando se tratou de obter a concessão, o Exm. Sr. Dr. José Vieira Couto de Magalhães, cidadão prestante de quem faço o mais alto conceito, convidou-me para associar-me a ele, não só concorrendo com igual quota da despesa que os estudos preliminares acarretavam, porém, fornecendo-lhe todas as informações que estivessem ao meu alcance para servirem de base a realização do contrato com o governo imperial.

A direção de uma estrada de ferro, pelo sul da província de Minas, era para mim uma ideia já arraigada; o Jornal do Comércio de um quarto de século atrás, registra mais de uma correspondência por mim firmada nesse sentido. Era consequência de minhas ideias quanto ao sistema de viação que convinha ao desenvolvimento dos recursos naturais do Brasil.

Fanático, como sempre fui, pela introdução do grande invento das vias férreas, que tão poderosamente concorrem para a criação da riqueza, abrindo caminho fácil e barato a produção, não me fez jamais esse fanatismo fechar os olhos a conveniência de máxima importância para a riqueza pública do meu país, de aproveitarmos, sempre que fosse possível, a viação por água, caminhos feitos por Deus, que depois de removidos alguns embaraços que impedem a livre navegação, não têm a conservação dispendiosa que quaisquer outros sistemas de encurtar as distancias acarretam.

Foi por isso que, tratando de construir a primeira estrada de ferro do Brasil, cuidei de aproveitar as 14 milhas de livre navegação que a bela baía do Rio de Janeiro oferece, poupando o considerável aumento de capital que a via férrea, circulando a baía, teria de acarretar, além do dispêndio com a conservação e deterioração que o aumento de terreno a percorrer determinava; sendo para mim a dificuldade da serra vencível, quando se achassem criados interesses suficientes, ou desde que os poderes do Estado quisessem amparar a empresa que não fora auxiliada com o mínimo favor.

Foi por isso ainda que, anunciando ao público a abertura da primeira seção dessa estrada, apresentava eu a aspiração de que ela assentasse a mais esperançosa de suas estações na margem do Rio das Velhas, no ponto em que as dificuldades da navegação desse rio se achassem vencidas, até que suas águas se despenhassem desimpedidas no Rio S. Francisco. Isso pouparia todo o capital e consequentes dispêndios que resultariam da prolongação da estrada a construir-se além do limite em que a livre comunicação até o grande rio ficasse assegurada.

Foi dominado por essas ideias que, observando eu de longa data, no mapa,

<u>Exposição aos Credores e ao Público</u>

a vasta extensão de correntezas de água volumosas, que o sul de Minas oferece a contemplação de quem examina suas condições topográficas e julgando possível o seu aproveitamento, pronunciei-me tão cedo a favor da diretriz da via férrea para esse lado, e desde que estudos profissionais confirmassem ou criassem em meu espírito verdadeiros elementos de convicção, não hesitaria em pronunciar-me abertamente. Contanto que, em caso algum, ficasse prejudicada a minha maior aspiração relativamente aos grandes elementos que o alto do Rio de S. Francisco promete para a criação da riqueza em nosso país, desde que se coloque aquele rio em contato por uma via fácil, rápida e econômica, com a capital do Império.

A proposta do Sr. Dr. Couto de Magalhães veio em época em que já cruéis desenganos pesavam sobre o meu espírito, e eu a teria repelido, se a convicção de poder ser útil a uma empresa que, segundo minhas ideias, levava em suas entranhas um desenvolvimento futuro de maior alcance não me fizessem desviar do propósito em que estava.

Concordei, pois, e prestei a S. Ex. todo o auxílio que de mim exigiu.

O 17 de maio de 1875 cravou um punhal fundo no meu coração. Então declarei a S. Ex. que a empresa se achava fortalecida com a garantia obtida do governo imperial, minha cooperação fora do país para levantar o capital, de grande importância antes, se achava anulada depois do desastre; e que minha consciência não me permitia partilhar de benefícios que não se achassem representados em serviços adequados, e portanto, eu me retirava da posição que havia aceitado.

S. Ex. mostrou-se pesaroso, e autorizou-me a declarar que em qualquer tempo, e ainda nas circunstâncias em que me via colocado, ele teria preferido que eu continuasse interessado. Sendo, porém, inabalável o meu propósito, reembolsou-me da minha parte do dispêndio e seus juros, e assim terminou a minha intervenção quanto à ideia de ser levada a efeito a estrada de ferro do Rio Verde, que, entroncada na de D. Pedro, é sem dúvida a satisfação de interesses legítimos de uma zona privilegiada, que por isso promete recompensar o capital a empregar-se.

Faço ardentes votos pela efetiva realização de tão útil ideia que não me parece difícil, hoje, que superabunda o capital nos grandes centros monetários da Europa, e que estudos completos e acabados asseguram que a soma garantida não será excedida. O Sr. Dr. Couto de Magalhães dirá se, mesmo nas condições abatidas que a sorte me deparou, não o acompanhei desinteressadamente nos esforços que emprega na Europa para conseguir a realização da bela empresa de que é concessionário.

Serviços Prestados À Agricultura

No decorrer da minha vida financeira foi necessário adjudicar em pagamento ao Banco Mauá, e a mim individualmente antes dessa organização bancaria, mais de uma fazenda de cultura, e, uma vez de posse dessas propriedades, o espírito empreendedor com que Deus me dotou não me permitiu olhar impassível para os elementos de vida econômica, financeira e social que a lavoura encerra, o que, aliás, eu sempre encarei como a fonte de toda a riqueza pública do Brasil.

No meio de minhas múltiplas ocupações, jamais se afastou da minha mente a sorte da lavoura. Infelizmente, a grandiosa e complicada máquina, a cujos movimentos tive de atender, não me permitiu dar atenção preferente a esse magno assunto de interesse nacional.

Todavia, as muitas e variadas exigências, que a solução do problema envolvia, me pareceram sempre rodar sobre três, ou, quando muito, quatro condições essenciais, apreciando-se o estado de civilização adiantada em que nos achamos

Estradas ou vias de comunicação aperfeiçoadas, em primeiro lugar. O maior incentivo para quem trabalha, é a certeza de um ou mais mercados aonde o excesso da produção de cada indivíduo encontre saída remunerativa ao esforço que emprega para produzir.

A segunda condição é o trabalho ou os braços necessários a produção em maior escala, que cria a riqueza, a qual, uma vez acumulada, constitui a terceira condição essencial ao desenvolvimento dos recursos naturais do país, isto é, o capital, que, vindo em auxílio das forças produtivas, faz elementos de maior atividade tendentes a aumentar acumulação desejada. A quarta necessidade, finalmente, é a instrução agrícola, o que já supõe um estado de civilização bastante adiantada, pois é evidente, que antes disso as necessidades da vida social por si só têm criado a vida econômica como condição indispensável da sua organização.

Todas as outras exigências da nossa agricultura, que são muitas, se acham incluídas nessas quatro proposições fundamentais.

Como satisfazer ao complexo dessas necessidades? Pergunta em última análise, em uma circular aos agricultores de uma certa zona do território pátrio, o presidente do conselho de ministros da recente combinação ministerial, que surgiu das fileiras da opinião política liberal.

Exposição aos Credores e ao Público

Nada mais justo, razoável e conveniente à marcha governativa do país, do que a intervenção intercalada na governação do Estado das opiniões políticas que tenham elementos de reconhecida força na organização social adotada. O que, porém, o país tem direito a esperar é que as sumidades intelectuais que simbolizam o pensamento político que aspira ao poder, tenham ideias assentadas sobre os pontos cardeais em referência às necessidades públicas que legitimam essa aspiração, pois a presença do estadista se reconhece nas medidas em que ele empenha seus esforços para alcançar o bem-estar social, que é a missão de todo o bom governo conseguir.

Se as quatro ideias fundamentais, a que me referi, constituem o alicerce das necessidades atuais da lavoura (pois as outras entranham-se nessas), resta saber o que está feito, e o que resta a fazer.

Não há dúvida que quanto a vias de comunicação, o Estado tem feito algum esforço para satisfazer esse grande objetivo, porém nenhum espírito patriótico e refletido, mesmo dotado de compreensão, pode desconhecer que nesse terreno houve deplorável incúria. Um estudo sério ê profundo da questão jamais foi feito, no sentido de satisfazer às necessidades gerais e provinciais, mais urgentes ou mais necessárias. Votaram-se a torto e a direito concessões das quais muitas representam favoritismo mais do que a satisfação de interesses legítimos das respectivas localidades.

O assunto exige maior e mais metódico estudo do que tem sido dedicado a fim de evitarem-se para o futuro os desacertos que tem comprometido não pequena soma de capital do país, sendo aliás certo, que esta é uma das necessidades da agricultura que cabe exclusivamente a alçada do poder público atender e satisfazer.

Também é da exclusiva competência do mesmo poder atender às exigências do ensino agrícola, que pode influir grandemente na quantidade e qualidade dos produtos do solo, e o dispêndio razoável que esse ensino reclama seria em qualquer tempo despesa produtiva.

Tratarei agora dos dois grandes elementos — trabalho e capital — necessidades clamorosas da agricultura do Brasil nas condições em que ela se acha.

Quanto ao trabalho, ressoam ainda aos meus ouvidos (porque sou velho) as palavras de um grande homem de estado que o Brasil possuiu: o finado Bernardo Pereira de Vasconcellos, pronunciadas em pleno senado, vão contados cerca de 40 anos: — A civilização nos vem da África!

Essas palavras levantaram sussurro na época em que foram proferidas, no entanto o grande político e profundo pensador soltara uma proposição figurada que exprimia a verdade, pois ele apenas queria dizer que a única fonte ou mercado de trabalho, que o Brasil tinha até então conhecido, era o braço africano. E que desses braços, rasgando o seio da terra, vinha a produção que, convertida em riqueza, determinava o progresso e a civilização de nossa pátria.

Não sou suspeito; então agora e sempre, ambiciono ver desaparecer o elemento escravo da organização social do meu país.

A questão, porém, não era essa, nem então, nem mais tarde, quando os poderes competentes vibraram o golpe mais fundo e certeiro no regime em que assentava o trabalho do país, decretando o ventre livre, que acabaria com a escravidão em prazo curtíssimo, pois lembremo-nos que a vida das nações não se conta por anos: mais 10 a 15 anos de inércia, e a grande lavoura, já em decadência, se arruína à míngua de braços, e o mecanismo político, econômico, financeiro e mesmo social do Brasil sofre o mais violento abalo! Disto nem é permitido duvidar-se.

E, no entanto, discutem-se até banalidades mesmo sobre esse grave assunto! e os partidos políticos gastam reciprocamente as suas forças em pleitear a maior influência que a cada um deles deve caber em partilha na governação do Estado, em tais circunstâncias!!

O que se fez desde que ficou resolvido dar o golpe mortal nos elementos de trabalho que possuímos? Contratos de importação de colonos europeus, mais ou menos onerosos, pesam com mão de ferro sobre as finanças do país, sem cumprir sua finalidade, pois acredito que houve a intenção honesta de que esses braços seriam uteis a grande lavoura. Erro de apreciação deplorável! Pois, os fatos vão confirmando o que era prever; nenhum desses braços vai buscar trabalho nos grandes estabelecimentos agrícolas do país! Vêm na intenção de serem eles mesmos produtores para si: louvável empenho e que consulta talvez as maiores conveniências futuras do Brasil, criando outros elementos de riqueza.

A questão, porém, é já, de atualidade; pois houve descuido ou negligência em preparar de bem longe a satisfação de uma grande necessidade social, ou erraram os estadistas nos esforços empregados.

As recriminações são agora inúteis, não respondem a nenhum fim de utilidade pública. Cumpre lançar uma ponte que nos permita atravessar do trabalho escravo para o trabalho livre sem fazer estremecer até os seus fundamentos os elementos de produção que existem, até que os outros, que se criam possa dar fruto.

81

Exposição aos Credores e ao Público

O meio único que parece existir para o fim que se tem em vista é a importação de braços assalariados por contratos de locação de serviços, procedendo-se desde já a decretação de locação eficazes que regulem os direitos de ambas as partes. Ide buscar esses serviços a qualquer país da Europa, se for possível obtê-los a preços que a nossa lavoura pode pagar, sem arruinar-se, se isso nos for possível, ide-os buscar aonde puderem ser encontrados; trata-se de uma medida temporária, porém de vida ou morre. E o Estado, que foi negligente, é que tem obrigação de prover no começo a essa necessidade indeclinável; mais tarde o interesse particular o fará.

Vou agora tratar do capital a juro módico, condição indispensável e urgentíssima para salvar a grande lavoura da dívida que a oprime, e poder obter os melhoramentos que a ponham em atitude de vencer a crise que atravessa.

Desde longa data são conhecidas minhas ideias sobre esse assunto fundamental, pois há cerca de vinte anos registram os anuais da câmara dos deputados minhas palavras a esse respeito em um dos poucos discursos em que minha fraca voz se fez ouvir nessa recinto, pois sabia bem que seria trabalhar em pura perda de tempo combater as ideias que dominavam, e faltavam-me, além disso, algumas habilitações e a força oratória que arrasta, ainda dizendo às vezes banalidades e muitos despropósitos sobre as matérias sujeitas ao debate, porém que, sendo pronunciadas por doutos, passam como moeda de boa lei, e em lei foram convertidos muitos disparates.

Por exemplo, a lei de 22 de agosto de 1860, que eu acreditei não podia durar dez anos sem que todos os que votaram por ela se envergonhassem de o ter feito, e, todavia, essa lei ainda faz parte de nossa legislação financeira!

Clama-se que no Brasil tudo se espera do governo e que a iniciativa individual não existe! E como não há de ser assim se tudo quanto se refere a ação do capital, desde que este se aglomera para qualquer fim de utilidade pública ou particular, em que a liberdade das convenções, devia ser o princípio regulador, esbarra-se logo de frente com péssimas leis preventivas, e quando não bastam, a intervenção indevida do governo aparece na qualidade de tutor?

E o que diremos do crédito, essa alavanca magna da civilização, que tem a missão de desempenhar 95% das transações em que assenta a vida econômica das sociedades modernas? O crédito ou está entregue ao regime do privilégio, ou não existe fora dos limites da força individual em que sua ação é necessariamente fraca, em um país novo, que não tem tido tempo de converter em capital realizado senão uma parte mínima de seus recursos naturais:

não pode ele dar um passo entre nós sem encontrar-se com essas leis preventivas que sufocam a liberdade de ação.

O fato, pois, que tanta reprovação encontra, de tudo esperar-se do governo, é consequência necessária do regime legal a que entregaram o país os que o têm governado.

Veremos se as reformas prometidas trazem à governança do Estado menos sabedoria e mais bom senso.

A ação do crédito e do próprio capital achando-se sitiada no Brasil pela legislação financeira que o oprime. Daí nasce o clamor pela intervenção do governo quando as necessidades batem à porta, e como no caso presente, com tal força que ameaça fazê-la saltar, isto é, operar a ruína dos melhores e mais legítimos interesses da sociedade brasileira!

Crédito territorial, juros baratos, é o clamor uníssono do mais legítimo interesse do país, a produção. E todos se espantam que apenas tenham sido votadas para semelhante fim leis inexequíveis! Farei sempre exceção da lei de 24 de setembro de 1861, a qual, com modificações que dessem ainda mais vigor a ação executiva do credor, nos teria dado o crédito territorial, se o país tivesse confiança na execução das leis, o que decididamente não tem. E é em tais circunstâncias que vamos convidar pela lei de 6 de novembro de 1875 os capitais estrangeiros a virem empregar-se na lavoura do Brasil mediante a garantia do Estado de 5% anuais pagáveis em ouro, sendo o nosso meio circulante de papel inconvertível! E essa lei que com tanta sabedoria e erudição foi discutida em nosso parlamento, aí entulha o arquivo em que estão bem guardadas nossas leis inexequíveis! E direi ousadamente, neste caso, em bem do país!

Quereis pôr em contribuição as forças produtivas do Brasil, pagando em ouro ao estrangeiro (e somente ao estrangeiro tal é a disposição da lei) a melhor parte do produto do seu trabalho nos anos felizes.

E refletistes no espantoso desequilíbrio que a garantia acarretaria nos anos em que a Divina Providência deixasse de auxiliar-nos com o calor e a umidade, em exata proporção com as necessidades da produção?

Então não quereis a parceria dos capitais europeus? Responderam-me os ouristas. Quero, e quantos mais vierem melhor, contanto que, avaliando cada um, na Europa, as condições de nossa sociedade, venha concorrer com os capitais do país na esfera de atividade que melhor convier aos seus interesses, pois todas elas auxiliam direta ou indiretamente a criação da riqueza. O que não quero é a importação efêmera de algum capital europeu que não permanecerá no país, e se aqui ficar, será para criar-nos os maiores embaraços financeiros, dadas circunstâncias desfavoráveis com que se deve sempre contar, rendendo-nos graças a Divina Providência se elas puderem ser evitadas.

Então cruzemos os braços diante dos males de que estamos ameaçados, nos dirão os homens da escola metálica que vêm no ouro que circula como meio circulante, o único representante do capital. Não querem ver que a luz que a ciência tem conseguido derramar sobre esse assunto que reconhece no ouro apenas motor de transações, sem excluir outros instrumentos de permuta que preenchem o mesmo fim entre nós relativamente a todas as transações, dentro do país, com grande proveito e vantagens compensadoras dos males que se apontam, bem entendido, nos limites do uso e jamais do abuso.

Aí vem a panaceia do papel-moeda, gritaram sem mais querer ouvir-me os homens da escola metálica!

Não é esse o meu pensamento, pois do papel-moeda não quero ver na circulação senão a quantidade necessária para servir de motor às transações de todo o Brasil, sendo aliás certo que meus raciocínios têm sempre por base o Império, e não a capital dele, como acontece a maior parte dos homens que têm governado o Brasil, sem excluir a muitos provincianos que aqui têm vindo abrir escritórios de sabedoria, os quais, desde logo, esquecem-se do que são as suas províncias para contemplarem o Brasil no Rio de Janeiro!

Nesse erro de apreciação eu não acompanho a ninguém, e daí talvez a divergência entre mim e alguns homens ilustrados no modo de encarar as questões que interessam a vida econômica do país.

A necessidade urgentíssima que a nossa lavoura sente de capital, já para pagar seu débito a juro oneroso, e já para suprir-se de novos e mais aperfeiçoados instrumentos de produção, bem como de braços, cumpre seja atendida, com auxílio do Estado, visto que este, como fica dito, e ninguém pode em boa fé, negar, apertou em círculo de ferro a iniciativa individual.

Não temos capitais, dizem alguns; eu acredito que os temos, senão o país já estaria fundido. Admitindo, porém, que não os temos (só para o fim de argumentar).

O país tem inteiro crédito no interior, e posição vantajosa desse elemento no exterior; sei perfeitamente que crédito não é capital, — porém quem ousará sustentar que ele não cria capital? Temos, pois, excelente base para auxiliar a lavoura, não com papel-moeda, porém fazendo aparecer o uso da letra hipotecária dentro do país, e ninguém dirá que esse instrumento é papel-moeda, pois representara capital na razão de metade do seu valor, segundo dispõe a lei de 24 de setembro de 1864.

E o credor (parte mais forte) tem sempre os meios de sustentar as avaliações dentro dos limites do valor real dos objetos. Há dificuldades na organização dessas instituições de crédito? É possível; as dificuldades, porém, fizeram-se para serem superadas. Pois um governo onipotente como é o governo do Brasil, recua diante de filigranas, para alcançar um grande fim de utilidade pública!

Seria escarnecer do bom senso do país acreditar nessa farsa; basta querer, e neste caso o querer é poder sem a mínima dúvida, e nem é preciso rasgar a lei ou saltar por cima das suas disposições, como tantas vezes se tem feito neste abençoado torrão que nos viu nascer. E para começar desde já as operações em escala bastante grande, aí tem o governo ao seu lado o Banco do Brasil, essa poderosa instituição de crédito à qual, desde 1 de setembro de 1864 até o último dia deste século, a nação assegurou créditos, só pelo uso do crédito nacional, de quantia não inferior a duzentos mil contos, sobre a base de um juro módico de 6 % ao ano, acumulados de seis em seis meses, como é de boa pratica mercantil E não se tratará de arrebatar nem a mínima partícula desses benefícios ao banco, bem pelo contrário, de aumentá-los! Quereis saber como? É a operação mais simples do mundo.

O crédito mais bem estabelecido e firmado no Brasil é o de que gozam as apólices da dívida pública do Estado, que têm a renda de 6 % ao ano. Eleve o banco o retorno de seus títulos hipotecários a mesma taxa que paga a nação, cobrando 1 % de comissão anual aos lavradores, e uma amortização anual que poderá variar segundo convenção com os que solicitarem os empréstimos, porém, que o banco deve facilitar até 1% acumulativo anualmente, sobre a base do capital emprestado originariamente, o que extingue a dívida em trinta e tantos anos. Com estas condições, lealmente executadas, o banco empresta à lavoura dentro de um ano pelo menos cem mil contos do seu crédito, e no fim de alguns anos terá em circulação os 330,000:000 ou (segundo a interpretação que quiser dar aos seus estatutos 250.000:00 de letras hipotecárias; e o lavrador não terá necessidade de sacrificar o crédito do banco vendendo os seus títulos a desconto, pois os dará em pagamento ao par, 1/2 % mais, ou 1/2 % menos.

O banco aumentará os seus rendimentos em um a três mil contos por ano, sem outro risco além do inerente à natureza das coisas O país sentirá então o benefício real e positivo da existência da grande instituição de crédito. A amortização dos títulos não pode ser exigida senão na razão das que forem sendo realizadas pelos devedores, - portanto a operação por esse lado é isenta de qualquer risco para o Banco do Brasil.

O que mais pode exigir uma administração prudente, honesta e inteligente? O governo conseguirá isso do Banco do Brasil amanhã, se o tentar. A boa razão assegura o resultado da negociação que só por falta de compreensão pode falhar. E ali teremos a letra hipotecária acreditada, e o país utilizando-se em larga escala do instrumento hoje desacreditado, porque não quiseram ou não souberam fazer uso dele.

E nem há necessidade do banco obrigar-se permanentemente ao pagamento de juro tão elevado, basta para isso que o título consigne em sua redução o direito do banco de o resgatar por séries ao par, quando lhe convier; e, portanto dando-se redução na taxa dos juros com caráter de permanência, o banco anuncia a redução que lhe convier aos títulos de números tais a tais que não vierem ser cobrados até a data prefixada nos anúncios. O que deveria ficar bem estabelecido, no acordo entre o governo e o banco, é que o estabelecimento não frua maior benefício do que 1 % ao ano, dos empréstimos por esta forma feitos à lavoura, visto que não empresta o capital dos seus acionistas, porém o seu crédito, que é também do país.

Em seguida, é fácil de prever, se irão fundando outros bancos nas províncias ou circunscrição de províncias para que todas participem dos benefícios do novo instrumento, que as aliviará dos juros onerosos sobre suas transações, que hoje a usura confisca da produção, e o país entrará em nova fase econômica, aumentando enormemente a sua produção.

Duvidais da eficácia do crédito como instrumento de produção? Pois realizai o acordo com o Banco do Brasil amanhã e experimentai! E o gemido do um morto (assassinado) quem vos importa a fazer o bem do país! Demasiado o sabeis, a voz do sepulcro não tem aspirações.

A reunião e discussões do Congresso Agrícola no momento em que me ocupo de escrever o resumo histórico de minha amargurada vida financeira, levou-me demasiado longe nesta parte, pois eu tratava apenas de fazer conhecida a minha intervenção em auxílio da lavoura, fazendo esforço inexcedível no que toca a vias de comunicação; protestando na câmara dos deputados há mais de 20 anos contra a tendência para a elevação da taxa dos juros com as seguintes palavras: "Acreditai, senhores, que a taxa elevada dos descontos é uma víbora faminta que devora as raízes da produção."

Dois estabelecimentos agrícolas que me pertenciam foram dotados com toda a classe de instrumentos aperfeiçoados, inclusive os arados a vapor que trabalham na fazenda da Atalaia, em Macaé, sendo os primeiros importados no Brasil.

Reconhecendo o atraso em que se achava a indústria açucareira, mandei vir da ilha Maurícia, um dos homens que conhece o fabrico de açúcar científica e praticamente quanto se pode desejar, o Sr. *Patureau*, que atualmente monta o engenho central do Porto-Feliz, na província de S. Paulo, e finalmente, observando a inércia do governo naquilo que mais interessava ao país, (suprimento de braços para a grande lavoura) até me lembrei de fazer uma experiência do trabalho *coolie*, que não falhou como se diz, pois metade dos braços importados em número de 174 são muito bons, ou todos os que foram contratados segundo minhas ordens entre gente do campo, sendo péssimos unicamente os vadios de má lei, contratados na cidade de S. Luiz, em contravenção às minhas instruções. Oxalá que para o Brasil viessem uns 100,000 por ano, durante dez anos, desses coolies, pois a crise do trabalho se acharia dominada, embora tivéssemos de pagar as passagens de retorno aos que não fossem bons, pois jamais me passou pela mente colonizar o Brasil com essa raça, porém, sim, desviar com esses braços uma crise que me preocupa há muitos anos, e com mais força depois de votada a lei de 28 de setembro de 1872.

A agricultura não foi jamais para mim objeto de atenção direta, todavia os fatos que ficam narrados justificam a meu ver, a exposição que deles faço, no intuito de tornar patentes os meus esforços nesta parte, que interessa em grande escala a vida econômica do Brasil, apesar de não ser esse o ramo de atividade a que me dediquei.

Banco Mauá & C.

Rompendo a ordem cronológica dos fatos em que tive de intervir e que interessaram a vida econômica e financeira do meu país, deixei para minhas últimas apreciações, os que dizem respeito à instituição de crédito de que vou ocupar-me.

Já em 1875, quando me foi negado um modesto auxílio que era reclamado pelas condições excepcionais em que se viu colocado o Banco Mauá & C. em país estranho, pela terceira vez depois de ter conseguido fazer recuar ali os elementos dissolventes que guerreavam o Banco, tive a intenção de fazer esta exposição, de que fui desviado por amigos que viam na manifestação um ato de despeito, quando aliás, então como hoje, entendo ser ela o cumprimento de um dever.

A questão de oportunidade foi, porém, devidamente pesada em meu espírito, e, refletindo na vastidão dos interesses de terceiros, que ainda se concentravam no estabelecimento, e adoçada a fórmula do martírio a que me condenavam com o nome de uma moratória, entendi que devia entregar-me em corpo e alma ao cumprimento dos deveres que a situação me impunha, e procurei cumpri-los da melhor maneira que as circunstâncias permitiam.

Mais tarde me ocuparei da demonstração que corresponde a essa última fase da vida financeira do Estabelecimento, pois não devo preterir a origem e desenvolvimento, marcha cronológica dos fatos em que vou tocar, que só assim podem ser bem explicados.

I

A ideia da concentração absoluta do crédito em um só Banco, que apareceu em 1852, sempre me repugnou, e só por condescendência entrei nas vistas do ministério que fez passar a lei de 23 de julho, que levava em suas entranhas esse pensamento como depois se manifestou, sendo certo que minha posição no anterior Banco do Brasil, por mim criado, que tinha ainda 17 anos de vida a percorrer, me dava elementos para resistir com vantagem a semelhante ideia.

Reconhecendo, porém, pelas conversas que tive com o Ministro da Fazenda da época, até que ponto ficaria ele contrariado, assumida por mim essa posição, desisti, abrigando a esperança de concorrer para que a grande instituição de crédito que se ia criar, inoculasse na vida econômica e financeira do país uma nova era de desenvolvimento e progresso.

Tomei, pois, parte ativa na organização do atual Banco do Brasil, sendo eleito para um dos seus diretores. No entanto, manejos eleitorais haviam dado ingresso na Diretoria a alguns nomes próprios que me eram hostis, realizando-se a exclusão de outros que se achariam a meu lado nas votações. Em tais circunstâncias, recusei o cargo, apesar das vivas instâncias do Ministro da Fazenda, para que entrasse no respectivo exercício.

Afastada assim a minha intervenção na marcha administrativa do Banco, aguardei o seu desenvolvimento, observando atentamente os movimentos do vasto mecanismo de crédito, que a fusão dos interesses concentrados nos dois Bancos que funcionavam anteriormente representavam — fortalecidos ainda pelos privilégios e concessões, que foram outorgados ao novo Banco do Brasil.

No fim de algum tempo convenci-me de que esse Banco não preenchia a elevada missão a que fora destinado por sua organização, deixando de realizar os serviços que a nação tinha direito de esperar da organização de tão poderosa instituição de crédito, que só pela magnitude do capital com que devia funcionar, indicava progresso econômico de subida importância.

II

Conforme minhas ideias sobre o monopólio, este, uma vez constituído, encarrega-se, isso é fato, de satisfazer às necessidades que a livre concorrência (cujo princípio salutar é pelo monopólio esmagado) pode trazer em bem dos interesses gerais.

Ao Banco do Brasil haviam os poderes do Estado conferido um monopólio de fato autorizando a incorporação de um enorme capital (trata-se de uma sociedade anônima, exceção do direito comum que no Brasil se acham sob a tutela do Governo), e um monopólio de direito pelas condições e favores com que foi amparada a instituição.

Durante o período de expectativa a que me referi, confiava eu, que a administração do grande Banco se ocuparia de assentar, em larga base, o mecanismo de crédito que lhe fora entregue.

A criação de uma caixa filial em todas e cada uma das capitais das vinte províncias do Império, além de mais algumas em localidades onde regular desenvolvimento econômico se fosse manifestando, pareceu-me que ficaria desde logo assentada, para ir-se realizando, gradualmente, porém sem demora, e com tenaz perseverança. E facultando o Governo a organização dessas filiais pelo modo que a Diretoria julgasse mais conveniente, desaparecia a maior dificuldade; pois, quanto ao pessoal, a Diretoria escolhia seus mandatários, e quanto ao capital, nada impedia que uma base mínima, proporcional às exigências locais, ficasse estabelecida, para ir sendo aumentada, a medida que as transações se fossem desenvolvendo.

Era o ensino e o tirocínio do uso do crédito, em um país tão vasto que mal o conhecia naquela na capital; e ali mesmo entorpecidos os seus movimentos, sendo certo que, os seus passos vacilantes em algumas e muito poucas capitais de províncias, não representavam ideia alguma financeira.

O Banco do Brasil, tinha, pois, a missão de tornar conhecido o uso do mais poderoso instrumento da civilização moderna, no tocante à criação da riqueza em toda a extensão do território pátrio, entranhando-o na vida econômica das localidades onde a presença de elementos suficientes, criados ou por criar, permitissem ser ele empregado com vantagem.

O mecanismo do crédito uma vez introduzido, apoiado no poderoso influxo do centro de que emanava, que encerrava em si mesmo a confiança, levaria a vida ao capital inerte (por assim dizer em dormência), que superabunda em todos os cantos do Brasil, convertendo assim em instrumentos de produção, recursos dispersos e inutilizados para a criação da riqueza individual e consequentemente nacional. Tal era a perspectiva que se me figurava como consequência da organização do grande Banco do Brasil, o que só podia justificar o monopólio prática e legalmente criado.

III

Não foi isso o que se deu: minha intimidade com o 1º presidente do Banco, o conselheiro Lisboa Serra, que, cheio de merecimento, foi roubado a pátria na primavera da vida, deu-me conhecimento do que se passava no seio dessa Diretoria. Encarava-se o Banco do Brasil, como uma grande caixa de descontos local, — que devia realizar essas operações pela taxa mais alta que fosse possível obter, sendo o princípio regulador a maior ou menor confiança dos diretores nas firmas oferecidas.

A criação de caixas filiais encontrava resistência tenaz, e qualquer operação de finanças nem era compreendida. E nem era isso lá muito para admirar, pois, se mesmo na alta administração do país, tendo nós tido muitos ministros da Fazenda, os que se possam chamar ministros de finanças, foram poucos, como esperar-se a compreensão de tais assuntos, nos eleitos do escrutínio que leva à mesa dos diretores das instituições de crédito no Brasil os chamados escolhidos dos acionistas?

Em presença dos fatos de que tive conhecimento quase desanimei!

Era ainda, porém, essa a época das maiores aspirações de minha alma, pois, satisfeito com a organização social do país, convencido de que o jogo regular do mecanismo das instituições políticas adotadas, assegurava-lhe o bem estar, não sonhava eu então senão com ideias que entendiam com a prosperidade de minha pátria — o que por certo não exclui o pensamento tratando-se do emprego de capital, da compensação honesta que as condições do emprego legitimam.

Foi em tais condições de ânimo, que eu fiz algum estudo da situação dos elementos de crédito de que o país dispunha, e convencido de sua insuficiência, assaltou-me o desejo de pôr ao serviço do nosso progresso um novo instrumento que, afastando-se da tutela do governo, pudesse ter o necessário desenvolvimento independente de qualquer intervenção governativa.

Em outras palavras, a iniciativa individual pondo em movimento suas combinações, aceitando a responsabilidade de seus atos perante o direito escrito, mais ou menos restritivo, que obedecia às ideias que têm predominado em uma legislação que se afasta dos princípios em que assentam os direitos naturais do homem, que não deixam a lei o direito de proibir se não o que pode prejudicar a sociedade, ou tocar nos direitos de terceiros, legislação que, desenvolvida posteriormente em leis preventivas, tem estendido sua ação proibitiva a atos do livre arbítrio, dentro de sua mais legitima esfera de ação, tratando-se de um país que pretende ser governado por princípios que garantem a liberdade do cidadão.

Amparando-me nas disposições legais que regulam o princípio da comandita dos capitais para qualquer fim honesto assumido a responsabilidade ilimitada perante a lei, julguei afastado o arbítrio governativo na combinação que adotei. Eis ali a origem do Banco Mauá na primeira fase de sua organização.

IV

Formuladas por mim as condições de existência da sociedade bancária, e obtida a coadjuvação de amigos importantes, não me julguei dispensado de consultar sobre elas os meus amigos que compunham o ministério que governava em 1854 – Entreguei a S. Ex. o Sr. Visconde de Paraná chefe de gabinete e ministro da fazenda, os estatutos, e pedi-lhe que por si, e consultando o seu colega da justiça, me dissesse se, em face da legislação vigente, encontravam algum obstáculo ao pensamento formulado, não lhe ocultando a aspiração que essa forma envolvia, de funcionar a nova sociedade fora do arbítrio governativo, a que estavam sujeitas as sociedades anônimas, existindo até no código a disposição exorbitante de poderem ser dissolvidas administrativamente sem a intervenção dos votos dos acionistas, o que, tratando-se do emprego de capitais, parecia-me uma anomalia, no que S. Ex., concordou e ficou de dar-me sua opinião como ministro e como amigo sobre os estatutos da sociedade que eu submetia ao seu bom juízo e critério.

Uma semana depois disse-me S. Ex. que achava a minha combinação isenta de qualquer objeção assim legal como de outra espécie; e para provar-me sua plena aprovação disse-me que, não podendo como ministro ser interessado na sociedade bancária, seu filho mais velho subscreveria com 50 contos, seu genro com 30, e o pai deste com 50, e que não hesitaria em recomendar a todos os seus amigos que subscrevessem ações; tal era a confiança que minha gestão lhe inspirava.

Satisfeito com a aprovação tão qualificada e positiva, dei imediatamente andamento ao projeto, abrindo eu a lista dos subscritores com 600 contos além da minha responsabilidade ilimitada. Em dois dias ficou preenchido, o capital social e fechada a lista da subscrição com 182 sócios comanditários.

V

Não se fez esperar uma posição financeira satisfatória a essa instituição de crédito; o ingresso do capital subscrito se operou rapidamente devido à demanda que apareceu para o seu emprego; os depósitos foram afluindo, e já em 30 de dezembro de 1854 devia ter lugar a última entrada do capital subscrito, e receberem nesse ato os sócios comanditários as ações correspondentes.

Foi então que inopinadamente apareceu o decreto de 13 de dezembro de 1854 sem outra prevenção, além de ligeiras conversas durante semanas anteriores, pelas quais tive conhecimento da oposição decidida de alguém, que gozava da mais alta posição de influência nos conselhos do governo, quanto a divisão do capital das sociedades em comandita por ações, mormente em referência a instituições de crédito, que, no seu entender, careciam da tutela do Governo, negando eu aliás sempre essa necessidade, que encarava como uma sentença de morte contra a iniciativa individual.

Compreendi, todavia, que alguma disposição legal viria em breve embaraçar a organização de tais sociedades. Não me passou, porém, pela mente que aquela que eu havia organizado, tendo os seus estatutos registrados no Tribunal do Comércio, pudesse encontrar o menor obstáculo ao seu andamento, exceto pela intervenção legal do poder judiciário nos casos previstos na lei comercial. Enganei-me, pois, apareceu aquele decreto proibindo o que a lei não proibia, além disso, dando o governo ao decreto-lei efeito retroativo espantoso arbítrio, que feria todos os princípios aceitos como dogma inata-cável no regime governativo das Sociedades civilizadas!!

Em tais circunstâncias cumpria-me optar por um dos dois caminhos vendo assim menosprezados direitos tão preciosos: ou liquidar com a menor demora possível todos os negócios em que me achava envolvido, e ir gozar em país estrangeiro do redito vantajoso que essa liquidação me assegurava (impedindo-me de esse caminho os interesses de terceiros que já então se agrupavam em torno do meu nome) ou então, realizada essa liquidação, en-tregar-me durante meia dúzia de anos à meditação, e aos estudos dos proble-mas sociais, e, fortalecido por esses estudos, reaparecer preparado para plei-tear perante a razão pública, a necessidade de assegurar no regime governa-tivo do país, os direitos inalienáveis do homem, direitos que não podem ser impunemente desconhecidos. Grave erro tem sido cometido pelos partidos políticos a quem tem sido entregue a governança do Estado, decretando e mantendo essas leis preventivas, e portanto, contrarias a liberdade e aos ver-dadeiros princípios em que assenta o trabalho das sociedades no intuito de desenvolver a iniciativa individual, que tão poderosamente concorre para a criação da riqueza, que é a pedra angular em que assenta a civilização mo-derna.

VI

Autorizados pelos acionistas na sessão da assembleia geral que teve lugar a 23 de dezembro de 1854, na qual lhes fiz presente o decreto que atentava contra direitos individuais firmados na proteção da lei, tive de reorganizar a sociedade em obediência a esse ato governativo, retirando-se os sócios que se não conformaram, que poucos foram.

Ficou, porém, desvirtuado em sua base, o mecanismo da Instituição - a divisão do capital social em ações transferíveis a vontade dos portadores, depois de recolhido o capital subscrito o que com a influência que todos me reconheciam nessa época -facultava-me elevar o capital social a uma grande soma, em harmonia com minhas vistas criadoras, pois na minha intenção fazer aquilo que o Banco do Brasil recusava realizar.

Em poucos anos, uma filial do Banco Mauá se acharia estabelecida em cada uma das capitais das vinte províncias do Império, além de muitas outras em localidades de alguma importância do Brasil; e secundado esse meca-nismo de crédito com filiais em Londres e em Paris, ficariam criados no Banco Mauá & C elementos com base sólida para alimentarem operações de crédito e finanças, que interessariam em grande escala ao progresso econô-mico do nosso país.

Exposição aos Credores e ao Público

Ficou falseada a base de minhas combinações pela intervenção indevida do poder executivo da época, que me privou de criar um alicerce suficiente para apoiar o vasto mecanismo de crédito que eu tinha na mente, o qual, assentado em um capital realizado de vinte mil contos (como me seria facílimo ter conseguido), se constituiria o centro de todo o movimento monetário e financeiro da América Meridional em ligação íntima com os principais centros monetários da Europa.

Realizado esse pensamento, as empresas brasileiras, amparadas pelo crédito do governo imperial, não teriam por certo de arrastar-se abatidas aos pés da usura desapiedada de maus elementos financeiros da praça de Londres; 5 % de garantia e não 7 % seria base suficiente para eu e meus agentes termos conseguido a coadjuvação do capital europeu para as nossas empresas de viação, e quaisquer outras de bem demonstrada utilidade para os capitais a empregar encontrariam apoio fácil e eficaz, desde que a casa Mauá representasse na Europa um interesse brasileiro de primeira ordem. Quantas centenas de milhares de contos seriam poupadas à riqueza pública do Brasil só com a diferença dos juros garantidos as empresas efetivamente realizadas no prazo dos respectivos contratos, eu convido a quem entender de cifras a fazer o cálculo.

Aos que acolherem com o sorriso da incredulidade esta manifestação de serviços que eu ambicionava prestar ao meu país, e que seriam uma realidade, se o confisco de direitos adquiridos não viesse perturbar todos os meus cálculos, eu convido a acompanhar-me no histórico assaz resumido das transações do estabelecimento, embora falseado em sua base em que vou entrar; e acredito que ninguém, em boa fé ousará negar que, se com elementos escassos, eu consegui elevar a casa Mauá a altura de um verdadeiro monumento nacional, muitíssimo mais teria conseguido, se o poder público, que tem o dever de proteger e amparar os interesses legítimos, me não viesse desnortear, desde o começo, com o atentado governativo a que me tenho referido.

Realizada a reorganização do estabelecimento, como fica dito, em obediência ao decreto, prosseguiu ele sua marcha regular, sem o menor tropeço, durante três anos, e as transações se foram aumentando gradualmente — dando a casa Mauá a lei em operações de câmbio nesta praça, apesar de sacar sempre sobre a sua filial de Londres, aproveitando os créditos que eu havia conseguido abrir na Europa para cobrir, sem risco, boa parte dos saques efetuados.

A crise americana de 1857 fez aparecer a primeira nuvem negra no horizonte da casa, sendo-nos recambiada uma forte soma de cambiais, tomadas para cobrir saques efetuados.

O preço do café nos mercados de consumo sofreu violento abalo, devido a essa crise o que determinou oscilações, das quais a casa se aproveitou para ressarcir, sem maior demora, os prejuízos suportados.

Essa crise patenteou logo no seu começo o débil esteio em que os homens da escola metálica se apoiavam para firmar o seu sonho dourado, de realizar a conversão metálica do nosso papel-moeda, o que eu considerei sempre impraticável (exceto durante raras intermitências), enquanto – outros elementos, com base solida na produção, não viessem em auxílio de semelhante ideia.

O desequilíbrio que o primeiro sopro da crise manifestou deixou provado que a ideia era prematura.

O ouro, que fazia momentaneamente as funções de meio circulante, em concorrência com o papel-moeda, converteu-se repentinamente em mercadoria, que teve de ser desde logo exportada para suprir o déficit que a queda no valor dos produtos acarretava.

Prestes a seguir o mesmo caminho estavam 12 a 14 mil contos de moeda de prata, que serviam para trocos miúdos, e funcionavam também como meio circulante, para as transações mínimas de compra e venda dos objetos mais necessários a vida, nos mercados. Foi esse assunto motivo de preocupação para o ministro da fazenda da época, que acreditava dever trazer esse fato séria perturbação a essa classe de operações, ao verem-se assim repentinamente privadas de tão forte soma de instrumento de permutas em que se apoiavam.

Fui convidado pelo Sr. Souza Franco para discutirmos as complicações que podiam dar se nesse terreno, em presença da posição enfraquecida do câmbio sobre Londres; e desde logo concordamos que, quanto ao Banco do Brasil, tendo ele a opção, por seus estatutos, pagar suas notas em ouro ou em papel-moeda do tesouro, e tendo em seus cofres quantia sofrível deste, podia salvar a sua reserva metálica.

Concordamos também logo que nada havia que providenciar quanto ao ouro em circulação, que já se exportava em grande escala, pois exigiria isso sacrifícios de maior vulto.

Exposição aos Credores e ao Público

Quanto a prata do antigo toque e cunho, que circulava, pareceu ao ministro e a mim também caso muito grave vê-la repentinamente desmonetizar-se, sendo também exportada como mercadoria para preencher o déficit mercantil. Achava-se o câmbio sobre Londres a 25 1/2, e uma queda de meio penny mais determinava a exportação dessa prata, ficando uma série de transações urgentíssimas privada repentinamente de tão forte soma, instrumento de permuta que lhe era próprio, pois o meio circulante de papel-moeda miúdo era escasso, vendia-se mesmo com prêmio para as províncias.

Tendo presente as tabelas do valor, nos mercados de consumo, e das existências dos nossos principais produtos tivemos de apreciar a possibilidade de fazer frente a emergência sem que o Tesouro suportasse maiores encargos; e chegamos à convicção que o câmbio de 25 1/2 podia sustentar-se, o que desviava o mal que receávamos.

E dali nasceu a autorização à casa Mauá para oferecer ao mercado cambiais sobre sua filial de Londres com a responsabilidade ou garantia do Tesouro, não podendo o governo efetuar saques sobre seus agentes financeiros. Essa operação, que foi tão mal apreciada e até caluniada pelos elementos em oposição nessa ocasião, foi assunto de madura reflexão e estudo entre dois homens que entendiam da matéria e compreendiam o alcance da medida.

E nem deixou essa operação de ser realizada com bastante risco de perda para a casa Mauá, pois tanto o ministro, como eu, nos enganamos na apreciação da cifra de cambiais que seria preciso passar para conservar o câmbio ao tipo que conseguia o resultado desejado.

Autorizou-me S. Ex. a sacar desde logo por £400.000 por um aviso, que me entregou; e para o seguinte paquete, vendo que o câmbio se conservava frouxo alarmou-se, e com dificuldade obtive outro aviso por mais £350.000, sendo que em ambos os paquetes consideravelmente excedidas as operações, a risco da casa. — Em seguida, não foi mais possível conseguir do ministro que aumentasse a cifra da responsabilidade do Tesouro, e, vendo eu que o malogro era certo, e que nos punha a ambos a descoberto perante os que censuram tudo sem conhecimento de causa, tomei a resolução de continuar as operações ao câmbio prefixado, durante os três meses em que o podia fazer que cobrir os primeiros saques com remessas correspondentes, e o total destes elevou-se a um milhão e oitocentas mil libras esterlinas!... Se a operação falhasse, o ministro seria provavelmente apeado com ignomínia e o seu sucessor, quando muito, indenizaria a casa Mauá do prejuízo nas £750.000 – ficando toda a responsabilidade de perda em mais de um milhão de saques a cargo da casa!

Felizmente realizaram-se os dois pequenos empréstimos, em Londres, para as companhias que deles necessitavam, únicos efetuados para o Brasil a 4 1/2 %, o que se conseguiu quando a operação das cambiais ameaçava risco de perda considerável

O efeito moral da realização daqueles empréstimos fez aparecer reação imediata, e liquidou-se a operação total dentro de 3 a 6 meses, depois que fora empreendida, com modesto benefício de cerca de 1 %, podendo facilmente ter deixado 4 a 5% de prejuízo, se não mais, falhando os empréstimos referidos. — E, no entanto, Souza Franco e eu, fomos maltratados por termos prestado um bom serviço ao país, do que ainda hoje, no fim de 20 anos, estou intimamente convencido.

Desse modo arriscadas foram muitas das operações que casa Mauá teve de realizar com o Tesouro durante os longos anos em que me prestei a coadjuvar o governo em todos e quaisquer serviços que de mim foram exigidos. E, antes de passar adiante, farei menção de um, que considero de algum valor, realizado poucos anos depois da época a que me refiro.

VII

Em tempo algum fui dos íntimos do Sr. conselheiro Ferraz, nem antes nem depois do seu primeiro ministério. Nossas relações eram de simples cortesia; sendo eu todavia informado, por intermédio do meu chorado e íntimo amigo o Conde de Porto Alegre das ausências com que S. Ex. me honrava, isso nos aproximou.

Em um dia, em que entrou o paquete da Europa, recebi um recado honrado de S. Ex., para ir falar-lhe, — o que logo fiz, e achei o honrado ministro da fazenda amofinado e irritado mesmo. Disse-me S. Ex.: acabo de receber cartas dos nossos agentes financeiros em Londres, que me põem em embaraço sério, além da indignação que o fato inspira; pois exigem-me na volta do vapor o saldo da sua conta, que neste momento é importante, o que é impossível realizar-se sem produzir violento abalo no câmbio (que estava na ocasião excessivamente frouxo), ou, do contrário, impõem ao governo a entrega do saldo dos títulos do último empréstimo, que se não pôde emitir em sua totalidade, com uma enorme diferença não só do preço da emissão, porém ainda consideravelmente abaixo da cotação em Londres, 5 a 6 %, em pagamento desse saldo.

Como Brasileiro, fiquei também indignado com o procedimento dos agentes financeiros do Brasil, e declarei ao Sr. conselheiro Ferraz, que dentro de uma hora teria S. Ex. no Tesouro uma proposta, que, desviando o golpe, o habilitaria a satisfazer a exigência sem sacrifício do Tesouro, e sem que os poderosos banqueiros pudessem nem ao menos fazer a menor reflexão, quanto mais articular uma queixa contra o Governo Imperial. E cumpri minha palavra. A proposta foi enviada — e obedecia ela ao impulso que me dominava: isto é, a posição do banqueiro enfraquecida pelo coração do Brasileiro.

Oferecia eu ao governo receber as seiscentas e tantas mil libras esterlinas de títulos em depósito em poder dos agentes, pelo mesmíssimo preço da emissão anteriormente realizada (estando a cotação 3 a 4 % abaixo), oferecendo em pagamento £576 000 de cambiais da casa (saldo do débito do governo em Londres) sendo a única condição que, em vez de serem todas as letras a 90 dias, como de estilo, se subdividissem em mais alguns prazos curtos, para dar tempo aos agentes da casa a aguardar alguma reação no mercado, que desviasse o prejuízo que a operação indicava, se não houvesse alteração na posição conhecida de nossos títulos na praça de Londres. E acrescentei que, para tirar aos agentes financeiros qualquer motivo de queixa o tesouro em sua correspondência lhes oferecesse a opção de ficarem com as letras, ou os títulos nas mesmas condições por mim oferecidas, ficando anulada a operação com a casa Mauá, se eles aceitassem como seus os fundos públicos aludidos.

Como o mercado se conservava ainda desfavorável, preferiram os agentes receber em pagamento do que o tesouro lhes devia as letras sobre Mauá & C, de Londres, entregando os fundos públicos. A operação no momento, como fica dito, ameaçava prejuízo, mas enfim eu tive a satisfação de desviar uma imposição ao governo de meu país, correndo todos os riscos de perda que podiam dar-se, e eram receados por quem tinha os melhores meios de julgar! Por outro lado, a operação indicava confiança da parte do governo brasileiro, na casa Mauá, por £1.2000.000

Quantos brasileiros se encontram no passado que, em idênticas circunstâncias, obrassem do mesmo modo, e quantos haverá no futuro que aceitem semelhante responsabilidade?

Os que dispõem do arquivo e contabilidade do tesouro são por mim convidados a verificar a exatidão destes fatos, que não é provável encontrem quem os imite na vida de nenhum banqueiro, sobretudo em presença da recordação histórica da dolorosa circunstância que motiva esta exposição.

VIII

Se a operação das cambiais durante o ministério Souza Franco deixou um mínimo benefício em proporção do risco a correr, ela foi todavia de grande valor moral para a casa Mauá, que então contava apenas quatro anos de existência; seu crédito ficou desde então altamente colocado na praça de Londres, o que me permitiu conservar ali em circulação uma grande soma de aceites, utilizando capital, ao mínimo juro europeu, que era deste lado empregado com vantagem notável; e, manobrando também as filiais, que por essa ocasião foram sendo criadas no Rio da Prata, e em seguida no Rio-Grande, Pelotas, Porto Alegre, Santos, S. Paulo e Campinas.

E mais tarde no Pará, ficou montado um mecanismo de crédito que realizou operações desse gênero e em escala desproporcionalmente grande, sendo das mais esperançosas a perspectiva do futuro que o aumento das operações anunciava.

No entanto, é forçoso confessar, essa situação apresentou-se com demasiada rapidez; sendo esse fato para mim motivo de viva inquietação e de preocupação constante, manter o equilíbrio, sendo a base insuficiente para a magnitude das operações, devido isso a circunstância já por mim mencionada, pois do contrário, o aumento de capital, teria seguido par e passo o desenvolvimento das transações, pondo a sociedade bancária em atitude de resistir a todas as eventualidades de perdas com o capital próprio.

O estabelecimento das filiais do Rio da Prata, tão cedo na vida da instituição de crédito, carece de explicações.

A pedido do governo imperial, tive de auxiliar com recursos financeiros governo da praça de Montevidéu, que, apertado pelas aguerridas hostes de Rosas, ameaçava sucumbir a cada hora.

Como já foi dito, além do dinheiro que o governo imperial fornecia por meu intermédio, e de que me não proveio como é sabido, nem um real de benefício, sendo indispensáveis maiores auxílios, e tendo eu profunda convicção que, a sabedoria, previsão e tino, com que era dirigida a política internacional do Brasil pelo Visconde do Uruguai, daria em resultado o triunfo completo dessa política no Rio da Prata, evitando-se os perigos de uma guerra prolongada, não hesitei em auxiliar o pensamento do governo do meu país com todos os recursos de dispunha, que eram de alguma monta.

Ao terminar a guerra achei-me com uma forte soma comprometida; fazer reconhecer essa dívida pelos poderes legais, e cuidar dos meios de ser reembolsado foram assuntos, para mim, de graves preocupações.

<u>Exposição aos Credores e ao Público</u>

Visitando Montevidéu antes e logo depois de organizado o governo constitucional, e atravessando a campanha, fiquei entristecido. Na capital era completa a desorganização em todos os ramos da administração. Quanto a recursos financeiros, o governo, era dominado por um grupo de exploradores de má-fé; quanto à arrecadação das escassas rendas, prevalecia a rapina. No comércio, mesmo nas minguadas proporções em que um consumo limitadíssimo colocava esse elemento da vida, reinava a desordem em seus movimentos; agricultura nenhuma; os ricos campos de criação, pelados, atravessavam-se dezenas de léguas sem encontrar-se uma só rez; finalmente, o país era um verdadeiro cadáver político, econômico e financeiro; os dez anos de guerra civil haviam a tudo assolado.

A meu ver, só a ocupação brasileira e os novos auxílios do Brasil durante alguns anos, salvarão essa nação de uma dissolução completa. O Brasil estendeu mão protetora à República em vez de deixá-la cair em dissolução; entretanto essa política foi, até muito recente data, mal compreendida atribuindo-se ao governo imperial ideias de absorção, que aconselhariam visivelmente outra política.

Conhecedor da verdadeira intenção do governo do meu país, nessa época, julguei dever também auxiliar as suas ideias de reerguer a nacionalidade oriental do abatimento em que jazia, pois, a desordem nessa região afetava interesses brasileiros; consegui prestar serviços reais e positivos da mais subida importância, a reorganização desse país nessa conjuntura.

A criação do Banco Mauá na República foi o primeiro passo, o ponto de partida para pôr em execução as minhas ideias, a fim de conseguir o bem-estar daquela sociedade.

E nem se fez muito esperar uma mudança radical: enorme dívida pública consolidada de mais de cem milhões de pesos pesava com mão de ferro sobre todas as fontes produtivas do país, deixando a propriedade com valor mínimo, pois desse elemento vital tinham de sair os recursos para pagar os juros e a amortização dessa dívida. Fazer desaparecer esse cancro foi o meu primeiro cuidado, e daqui parti munido de um contrato, formado entre mim e a legação oriental nesta corte, pelo qual essa dívida ficava reduzida a cinco milhões, o que só foi possível pelo estado de prostração absoluta em que o país ainda se encontrava, sendo em qualquer caso difícil conseguir dos portadores dos títulos tão grande abatimento, realizando-se assim a operação, não por uma imposição aos credores, mas com anuência destes!

No entanto, uma operação destas, que representava um serviço à Republica, que não pode ser igualado por nenhum outro, que neste século lhe poderá ser prestado, encontrou forte oposição e custou-me trabalho insano obter a aprovação do corpo legislativo! Mais tarde se descobriu que a presença na circulação de mais de quarenta milhões de títulos falsos era a verdadeira causa de tão inaudita resistência, fazendo os falsificadores enorme pressão para que o contrato, que iria descobrir a fraude, não fosse aprovado. O certo é que eu e meus amigos fomos prejudicados em mais de meio milhão de pesos de lucro adicional, que o contrato e a lei que o aprovou nos asseguravam, pois resultou verificarem-se falsos cerca de um terço dos títulos de que havíamos feito aquisição, como base para realizar a operação.

Desde essa época a prosperidade do Banco Mauá, na República, marchou a galope; dentro de meia dúzia de anos o país e a instituição de crédito, que o havia amparado, se achavam ambos em uma situação invejável — a propriedade havia quintuplicado de calor, e o banco tinha depósitos por quantia superior a dez milhões de pesos; suas notas de emissão, recebidas com preferência ao ouro, pois até da campanha vinham os gaúchos com seu ouro trocarem pelas notas do Banco Mauá!

E a República em estado de, em poucos anos, não ter em circulação um só título de dívida, tão rápida era a amortização destes com o excesso de renda! Tal foi o resultado e medidas adotadas em um período de poucos anos, em que o bom senso dominou no governo daquela nacionalidade: - antes de findar o ano de 1868 – o Brasil seria o único credor do Estado Oriental, se a revolução capitaneada pelo general Flores, em 1863, não viesse acender de novo o facho incendiário da guerra civil.

Esse deplorável acontecimento veio a tudo transtornar. Os resultados de esforços de 12 anos, em que me tinha cabido representar um papel importante, se acharam comprometidos. As palavras com que o chefe do movimento inaugurava a sua cruzada causaram-me indignação, apesar de não ser oriental, pois a proclamação lamentava que os ânimos se achassem enervadas pela longa paz! (meia dúzia de anos haviam apenas decorrido desde o sucesso de Quinteros); e os convidava a empunhar a lança, como meio de melhorar as condições do país.

Foi esse trecho que me obrigou a fazer ecoar na sala do governo minhas palavras escritas, condenando severamente o desatino, e oferecendo ao governo legal os recursos financeiros de que ele se declarava carecedor para debelar a rebelião, o que fiz em nome da instituição de crédito que se achava encarnada nas veias econômicas do país, pois eram principalmente do país os grandes recursos nela concentrados.

Exposição aos Credores e ao Público

As folhas do Rio da Prata durante 15 meses registraram meus esforços, para trazer os ânimos à concórdia, ora dirigindo-me ao chefe do movimento, ora ao governo, instando para que cessasse a guerra civil; pois fiquei convencido que embora Flores tivesse, como sempre teve, muito pouca gente, sobravam-lhe os cavalos alheios de que se apoderara; e que ao governo, dispondo de cinco ou seis vezes a força que a revolução pôde em tempo algum reunir, faltava capacidade para a dirigir, e a guerra, que tudo destruía, prometia longa duração. Voltei ao Brasil desalentado.

IX

A crise ministerial, que teve lugar pouco tempo depois, deu em resultado a missão Saraiva, registrando o Jornal do Comércio da véspera da saída de S. Ex. as palavras e conselhos que ofereci com minha assinatura.

Se a mudança de política adotada pelo governo imperial nessa ocasião, realizada no sentido em que foi resolvida, foi acertada, a história se encarregará em qualificar.

E acrescentarei que o triunfo da revolução Flores, contra o governo legal da República do Uruguai, o que era impossível que se desse sem o auxílio das armas do Império, foi também a origem das dificuldades com que mais tarde tive de lutar; embora o general Flores compreendesse, desde logo, que hostilizar o Banco Mauá era hostilizar o país.

O seu desgoverno em matéria de finanças e administração preparou os elementos destruidores que mais tarde fizeram explosão.

O assassinato do general Flores, no momento de constituir-se novamente o governo constitucional, e a colocação de elementos dissolventes na governança do país, fizeram tudo mudar a respeito do Banco Mauá & C. Uma perseguição persistente e tenaz ficou desde logo assentada e os seus resultados não se fizeram muito esperar. Enquanto o governo marchou com a lei, embora em nome de princípios, impraticáveis temporariamente, devido ao novo desequilíbrio que 5 anos de guerra haviam determinado, pude resistir eficazmente. O banco vencido entrou em liquidação e esta, favorável aos meus interesses na ocasião ia progredindo.

A pressão, porém, foi demasiado violenta sobre os interesses legítimos do país que se concentravam no banco; o ministério chamado principista caiu, subindo ao poder novo ministério, composto de homens prudentes, a quem não faltava inteligência, e dizendo-se que o Dr. D. Manoel Herrera y Obes era o chefe desse ministério, o fato indicava que ideias sensatas havido reassumido a governança do Estado.

Obtida pelo novo ministério a necessária autorização do corpo legislativo, foram-me desde logo oferecidas ideias conciliadoras que, depois de curta discussão aceitei; e baixou o decreto de 16 de julho de 8, verdadeiro contrato bilateral que, impondo aos bancos obrigações e deveres, conferia-lhes direitos que garantiam a possibilidade de serem cumpridas as condições impostas e aceitas, que aliás eram bastante onerosas.

Tudo prosseguiu regularmente em referência ao Banco Mauá, que cumpria religiosamente as condições que aceitei.

No entanto o mesmo não ocorria com outros bancos, que não puderam cumprir as obrigações estipuladas

Tão potentes eram os elementos de que dispunha o Banco Mauá para satisfazer as obrigações que contraíra, que, sendo permitido ao banco, pelo decreto, retirar dos depósitos de valores, que garantiam a emissão quantia proporcional ao resgate das notas efetuadas, dei eu, não obstante, ordem à gerência do banco que não retirasse parte alguma desses valores, para evitar discussão no caso de precisar o estabelecimento de alguma emissão, durante os 20 meses em que o contrato tinha de ser executado.

Falindo outros bancos, que não puderam sustentar-se, determinou o fato nova explosão de má vontade da parte do governo da época contra o Banco Mauá, que encontrou eco no presidente da República, o qual, como já foi dito, era hostil ao banco.

Foi o ministério mudado e chamados aos conselhos do governo elementos pessoais incompetentes, tornando-se desde logo patente nova guerra ao Banco Mauá.

Tranquilo, na certeza de poder cumprir as obrigações, pactuadas, aguardei a manifestação das ideias que se anunciavam como partindo do novo ministro de um Banco Nacional pela concentração dos interesses amalgamados nos diversos bancos.

Não opus a menor resistência a essas ideias, declarando apenas que aceitaria discussão. Não era isso, porém, o que se queria, e sim a imposição de concepções irrealizáveis que geralmente repelidas mesmo pelos inimigos do banco!

Reconhecendo o novo ministro a posição inexpugnável que tinha o Banco Mauá, cumpridas religiosamente, de parte a parte, as condições estipuladas, de que se havia de lembrar? Comunicou secretamente aos outros bancos, que ainda resistiam, a sua intenção, a fim de que, prestando eles a garantia que a lei exigia, fizessem uso da emissão que pudessem e tanto que ao Banco Na-via ainda na véspera, com data de 20 de janeiro, se concedia fazer uso dessa faculdade.

Tomadas essas precauções a favor dos outros bancos, fez o governo baixar no dia seguinte (21 de janeiro de 1869) o seu famoso decreto, confiscando o direito que tinham os bancos, pelo decreto de 16 de julho, de fazer uso da soma de emissão que pudessem garantir com valores, a satisfação da Junta de crédito público; tendo o ministro a lembrança peregrina de apresentar como única razão do atentado que praticava rasgando por sua única vontade um contrato bilateral, "que os bancos tinham tido tempo de fazer uso daquela faculdade, e por isso o governo a revogava!" isto em referência a um contrato que impunha obrigações que tinham ainda de ser cumpridas, durante os 14 meses que faltavam!

Não houve esforço que eu não empregasse para fazer revogar ou ao menos modificar o atentado governativo, pois afinal já me contentava que me permitisse o governo fazer uso da menor parte da emissão a que já tinha o banco direito, desistindo fazer uso dela quanto ao resto, até o término do contrato!

O digno ministro do Brasil, o Sr. Gondim, foi à casa do governo fazer sentir a ilegalidade do decreto de 21 de janeiro, que para o Banco Mauá era, além disso, uma verdadeira iniquidade, A nada se moveram! Feitos os devidos protestos, aguardei as consequências, bem seguro de que não haveria governo no Brasil que me não amparasse contra tão inaudita prepotência.

Em seguida, os depositantes, que eram ainda em grande número, alarmaram-se, como eu receará e era natural, vendo confiscada ao banco a melhor garantia contra eventualidades, afiançada pelo contrato bilateral já referido.

Uma corrida dos depositantes que durou 20 dias, foi estabelecida, e, esgotados os recursos disponíveis, teve Banco Mauá, de Montevidéu, de fechar a porta pela segunda vez, em 11 de fevereiro de 1869.

Felizmente, ainda foi possível resistir no exterior a esse segundo choque, tal era a magnitude dos recursos de que o estabelecimento dispunha!

O banco local e suas filiais na República entraram novamente em liquidação, realizando-se as operações correspondentes no próprio estabelecimento, e pelos seus empregados, embora sob a inspeção da junta de crédito público, respeitada sempre minha posição individual.

X

No ano seguinte foi resolvido pelo corpo legislativo da Republica que se liquidasse a intervenção do governo, saldando-se em referência aos bancos em liquidação, a conta das notas de emissão, pelas quais a nação era responsável em virtude do decreto de 16 de julho de 1868, entregando a junta dos bancos o resto do ativo, ficando eles sujeitos à deliberação dos credores, isto é, às disposições do código do comércio da República.

Sendo-me hostis os elementos de governo, e a maioria das câmaras nessa ocasião, compreendi o alcance da medida contemplada e tratei de contrariar da maneira que me era possível o pensamento que evidentemente visava entregar o estabelecimento aos tribunais; isto é, fazer uma fogueira dos imensos valores do Banco Mauá, em prejuízo dos credores no exterior (no Brasil e na Europa).

Liquidada a conta com o governo, tomando este a seu cargo a emissão pela forma que a lei impunha, ficavam ainda credores por cerca de cinco milhões de pesos, com um ativo de pouco mais de nove milhões, para fazer face a esse passivo.

A liquidação, pela forma desejada, pelos elementos a que me refiro, daria em resultado aniquilar todos os nove milhões para pagar os cinco, se ainda algum déficit não tivesse de aparecer!

Desviar semelhante golpe foi a ideia dominante no meu espírito nessa ocasião, e lembrei-me de uma circular aos credores, expondo-lhes os perigos que eu receava e apontando o único meio prático que preencheria o fim, que era aceitarem os credores títulos de renda de minha responsabilidade individual, exonerando completamente o Banco Mauá & C.

Assim, enquanto o governo e as câmaras discutiam a sua lei, era lida por mais de 1.500 credores, na República, a minha circular, que foi prontamente devolvida com sua anuência, não havendo uma só voz, entre tantos credores, que se levantasse para impugnar a proposta ou macular-me.

Desta fase de minha vida financeira conservarei, durante todo o resto de minha amargurada existência, a mais grata recordação.

Votada a lei de 4 de maio de 1870, e executada pelo modo por que se vai ver, achou-se o Banco Mauá & C. de Montevidéu, sem credores! e reabriu as suas transações ali sem encontrar o menor tropeço, com admiração de todos quantos no mundo financeiro o julgavam falido; e as obrigações contraídas para realizar esse grande fato foram fielmente cumpridas nos prazos por mim oferecidos.

No entanto, a lei de 4 de maio havia sido executada para o Banco Mauá, com a mais flagrante violação de suas disposições!

Não podia ser mais claro, preciso e terminante o que dispunha o seu art. 1º: Os bancos teriam de entregar à Junta de Credito Público valores correspondentes à missão, de cada um deles, em circulação: Em primeiro lugar em fundos públicos, pelo preço da última amortização, ou segundo os tipos por que haviam sido os empréstimos realizados, tendo os bancos a opção de aceitarem qualquer das bases, como lhes foi declarado pela Junta de Crédito Público.

E só na falta desses títulos, tinham de entregar outros valores, à escolha e satisfação da Junta.

O Banco Mauá tinha, em fundos públicos, quantia superior à totalidade das suas notas em circulação, e achando-se o preço da última amortização, quanto aos fundos internos, provado pelos anúncios publicados nas folhas de Montevidéu pela própria Junta, que ordenou aos empregados do banco que pagassem nessa conformidade aos portadores dos títulos em circulação; quanto aos fundos externos, o preço da última amortização realizada antes que se pensasse na lei de 4 de maio, se achava também provado perante o governo, do modo irrecusável por que sempre o foi.

Não havia pois que discutir; e o Banco Mauá, ressalvados os seus direitos pelos protestos, entregues à delegação do Brasil, contra o decreto de 21 de janeiro do ano anterior, que a necessidade de fechar o estabelecimento suas portas, apresentou em 48 horas sua conta de liquidação da emissão, desligando do seu acervo, em poder da Junta, os fundos públicos que preenchiam a totalidade, nas condições precisas que a lei impunha, declarando apenas que se julgava com perfeito direito aos juros que esses fundos públicos tinham de vencer até 16 de março do ano seguinte, data da conversão metálica das notas, segundo fora estipulado no decreto-lei de 16 de julho de 1868, não tendo havido por parte do banco outra impontualidade senão a que resultou dos atentados praticados pelo governo.

Não obstante, o ministro da fazenda da época fez baixar, nessa ocasião, um aviso à Junta, declarando que esse modo de liquidação, em referência ao Banco Mauá, nem era discutível! (Uma liquidação feita nas condições claras e precisas terminantes que a lei impunha!)

E a Junta fez a liquidação da emissão, em obediência à ordem do governo, ficando o banco prejudicado em 13% no valor dos títulos que entregara, e sem atenção alguma aos juros a que o estabelecimento tinha indisputável direito; todavia depois de ratificados os protestos anteriores perante a legação do Brasil, aceitei a liquidação que o governo impôs pois tinha eu pressa de receber os nove milhões do ativo do banco, que sobraram, para fazer face ao passivo, o qual, como fica exposto, eu havia tomado sobre mim, para salvar a instituição de crédito das eventualidades de que estava ameaçada.

Cumpre ainda observar, para tornar saliente uma desigualdade repugnante, o ter se realizado a liquidação do Banco Montevideano não só em obediência às cláusulas da lei, porém com notável favor! Ao passo que o Banco Mauá só pedia para si a execução pura e simples da lei da República!

E no entanto, esta reclamação não foi atendida nem amparada, nem mesmo depois de estudados os fatos pelo conselho de Estado no Brasil, durante um ano inteiro, e de ter havido resolução de consulta, pela qual foi declarada reconhecida e provada a denegação de justiça da parte do governo Oriental, e de ter sido em seguida apresentada a reclamação pela legação imperial. Dali resultaram apenas novas delongas de alguns anos por falta de instruções positivas à mesma legação, o que teria resolvido a questão, várias vezes, sem o menor comprometimento das boas relações entre os dois países.

E quando tudo isto se passava, corria de boca em boca que eu era o homem mais favorecido do Brasil!

Antes de concluir esta parte da minha exposição, não devo omitir que o próprio ministro dos negócios estrangeiros da Republica, encarregado pelo chefe do Estado (hostil ao banco), de examinar os fundamentos da reclamação Mauá, apresentou um parecer, no qual, com argumentos da mais irresistível procedência, levou até a última evidencia o bom direito que ela assentava no terreno dos fatos, da jurisprudência e do direito público internacional, que a amparava, não tendo sido essa demonstração em tempo algum impugnada, quanto mais combatida, e dela teve cópia oficial a legação imperial do Brasil. Essa reclamação, pois, então e sempre, podia ter tido uma solução satisfatória, no dia em que o governo imperial mostrasse decidida vontade de obter a justiça que me era devida.

XI

Durante esse período de luta, que esses sucessos de Montevidéu determinavam, e mesmo desde alguns anos antes, não corriam no Brasil em bom terreno as operações da casa.

Exposição aos Credores e ao Público

A legislação financeira de 1860, tocando o extremo das peas com que uma nação civilizada podia impugnar e guerrear o uso do crédito, pôs em alarma os espíritos, aliás quando alguns desastres de pouca monta já tinham disposto os ânimos, o corretivo natural dos abusos que alguns excessos denunciavam.

O uso do crédito no terreno dos bilhetes de banco ao portador foi o pretexto de que lançou mão a governança da época, aliás só as sociedades anônimas sujeitas no Brasil à rigorosa tutela do poder executivo, podiam utilizar-se desse recurso quando devidamente autorizadas por seus estatutos; e a ninguém se esconde que o privilégio exclusivo de que gozavam as notas do Banco do Brasil, de serem as únicas recebíveis como moeda, impossibilitavam o uso desse instrumento por outras instituições de crédito, salvo em escala tão diminuta que os interesses gerais jamais podiam ser afetados.

No entanto, guerrear o uso desse instrumento foi o ponto de partida da legislação da época!

A aglomeração de capitais para qualquer fim de utilidade ficou de fato proibida pelas disposições legais.

Foi só possível a organização de algumas empresas depois que as necessidades econômicas reclamaram imperiosamente a intervenção da força coletiva dos capitais, que, apesar de todos os entraves de uma legislação que atrofia a iniciativa individual, criaram-se algumas associações; isto depois de bem firmada a convicção nos espíritos de que a lei não podia ser executada, tal qual fora votada.

A liberdade das convenções na sua mais legítima esfera de ação ficou suprimida, e transações de mútuo acordo, entre as partes, que em nada afetavam os interesses gerais, ficaram impossibilitadas.

Ninguém pode calcular as consequências dessa legislação na marcha das transações; dessa época em diante, no Brasil, o espírito de associação, que começava a dar alguns passos, manietado o uso do crédito, retraiu-se, e os capitais realizados entregaram-se em sua máxima parte ao tesouro público, sendo empregados em apólices, ou em bilhetes do tesouro, e só os de movimento diário, sendo entregues aos Bancos. O que isto significa em referência à criação da riqueza nacional, qualquer cabeça financeira, que conheça a ação dos verdadeiros princípios econômicos, que o diga.

Nada escapou à ação maléfica da legislação da época, e aos erros governativos no terreno preventivo.

A lei vigente, que regulava a taxa do selo, isentava expressamente, do imposto as obrigações menores de cem mil réis; — a disposição da lei era imperativa, não deixava arbítrio possível! Pois bem, o poder executivo da época, regulamentando essa lei, não só compreendeu na cobrança do imposto os títulos que a lei isentava, como até elevou sobre esses títulos ao décuplo a taxa proporcional, que era a base da lei!! Isto é, legislou em matéria de imposto, da competência exclusiva do poder legislativo, e ainda mais da iniciativa privativa da Câmara dos Deputados!

E com luxo de arbítrio fê-lo do modo mais inconveniente!! Tudo isto, porque o governo sonhava com emissões que podiam cair das nuvens e vir concorrer na circulação com as notas do Tesouro Público Nacional, e do Banco do Brasil!!! E tudo isto passou desapercebido! Os representantes da nação nada acharam que objetar, não obstante a constituição política da nossa pátria consignar a respeito da divisão dos poderes públicos os mais sãos princípios de que pode ufanar-se a melhor organização social!

Aos desacertos governativos, seguiu-se em curto prazo, a calamidade de algumas más colheitas sucessivas, o que acarretou desequilíbrio, (sendo a produção o verdadeiro regulador das finanças do Brasil); e a crise da lavoura, impropriamente chamada crise bancária, estourou em 10 de setembro de 1864.

XII

Os bancos existentes foram as vítimas dessa situação calamitosa criada por essas causas naturais e pelas medidas financeiras que as precederam; tendo a má distribuição do imposto sua parte importante no desastre, pois já então eram as contribuições votadas sem estudo dos elementos que os podem suportar.

É, além disso, certo que nenhum banqueiro se enriqueceu com esses infortúnios (é preciso dizê-lo em honra do país), sendo antes sabido que todos foram cruelmente vitimados; os que ainda sobrevivem trabalham para viver, e os filhos dos que morreram fazem outro tanto.

Os prejuízos resultantes da crise de que me ocupo foram enormes, como é sabido. O Banco do Brasil, se fosse obrigado a liquidar-se (e bastava para isso que o Estado não viesse em seu auxilio facultando-lhe um uso exagerado da emissão de suas notas inconvertíveis), teria de perder, sem a mínima hipótese de dúvida, todo o enorme capital dos seus acionistas; e são conhecidos os minguados dividendos que puderam dar aos seus credores as instituições de crédito que sucumbiram, bem como as enormes perdas das que puderam sustentar-se.

Os bancos e casas bancárias que puderam sustentar-se o fizeram à custa de extraordinários sacrifícios, intervindo de mais a mais o pânico, que não deixa pedra sobre pedra em tais circunstâncias.

A casa bancaria que levava meu nome à sua frente e que navegava nas mesmas águas, com os mesmos ventos, e teve que de enfrentar os mesmos contratempos, não podia escapar de entrar na partilha dos desastres que se deram. Já antes, e em seguida às últimas ocorrências, ela foi vítima das desgraças da época; enorme soma de títulos prejudicados, endossados pela casa foi paga ao Banco do Brasil ou substituída por outros títulos, ainda aumentados com os que foram levados a esse banco depois que o governo o habilitou, com o curso forçado de suas notas, a amparar as casas que estavam no caso de suportar os prejuízos com o capital próprio, e uma grande dívida ficou assim contraída; representando, porém em sua maior parte, os prejuízos que a casa sofreu, prejuízos que aliás outras firmas fizeram pesar sobre o Banco do Brasil, ou antes sobre o Estado, que, dando curso forçado às notas do banco, e por um prazo estupendamente longo, lhe deu meios para tudo suportar, e ressarcir quaisquer perdas que viessem a recair sobre sua carteira.

No entanto, pelo que me diz respeito, oxalá não tivesse a casa bancaria sido auxiliada pelo Banco do Brasil nessa ocasião! Sem dúvida que ela teria sucumbido com as outras, porém não me resta dúvida, pelo conhecimento que tenho das cifras, que, quando muito, absorvido pelos prejuízos o capital da sociedade bancária, teria eu de concorrer apenas com uma parte de minha fortuna particular, ainda querendo desviar dessa responsabilidade os outros sócios solidários, como ulteriormente fiz na liquidação final da firma Mauá, MC. Gregor & C.

Achava-me eu na Europa nessa ocasião, e meus agentes e associados entenderam dever fazer frente à crise, o que eu muito aprovei, pois eram grandes os elementos de sucesso que me rodeavam. E não obstante, foi para mim, individualmente, a maior calamidade que podia suceder-me, financeiramente falando, a solução da crise de 1864 em referência à casa bancária.

A suspensão, nessa ocasião, evitaria em primeiro lugar, e *sobretudo*, a ignomínia que hoje me fazem suportar, pois é impossível que na mesma ocasião em que o governo resolvera que fosse levada a efeito a liquidação de todos os outros bancos e casas bancárias, de um modo especial, se fizesse uma exceção da instituição de crédito que levava o meu nome. Isso não podia ser praticado. E a dor pungente, que hoje me dilacera a alma, seria menos aguda, bem seguro de que, em menor prazo do que puderam fazer as outras vítimas da crise, eu teria conseguido uma liquidação que prejudicando-me e a meus sócios, deixaria livres de qualquer perda os credores da casa.

E que elementos para conquistar durante o resto da vida a mais elevada posição financeira me não sobravam! Bastava-me arvorar, depois da liqui-dação, o pendão do egoísmo, o que era lógico, depois de um tal sucesso, para que em poucos anos tudo estivesse restaurado, e minha posição mais alto colocada do que em época alguma anterior!

É verdade que no terreno das ideias generosas, no qual (infelizmente para mim) me achei sempre colocado, outros interesses foram grandemente be-neficiados com ter-se a casa sustentado naquela época.

Sobretudo a nação brasileira e a província de S. Paulo pouparam somas enormes, pois a garantia do governo imperial teria de tornar-se efetiva por alguns anos mais sobre o capital da estrada de ferro de Santos a Jundiaí; e a província de S. Paulo teria de esperar mais esse prazo, para gozar dos bene-fícios da estrada, pagando sua produção 1$600 por arroba de Jundiaí a San-tos e vice-versa, em vez de 440 rs; e já foi demonstrado quantos milhares de contos esse fato poupou à província.

De que a empresa da estrada de ferro seria uma ruína financeira sem os auxílios da casa Mauá, nem é permitido duvidar-se; e esses auxílios não po-diam ter sido prestados se a crise de 1864 me tivesse arrastado.

A posição crítica da companhia não podia ser mais claramente demons-trada do que o foi logo no ano seguinte, quando os adiantamentos da casa Mauá se operavam deste lado em maior escala, pelo seu presidente (Chair-man), o qual, entrando na legação do Brasil em Londres, dizia ao nosso mi-nistro — "emprestai-me cem mil libras, senão vou daqui ao Stock Exchange declarar falida a companhia da estrada de ferro de Santos a Jundiaí". Feliz-mente para o crédito do Brasil, achava-se à testa da legação nessa ocasião um diplomata desses que não hesitam em tomar sobre si uma responsabili-dade, quando a gravidade do caso o exige (o Sr. Aguiar de Andrada) e o Sr. Heath saiu da legação com o cheque na algibeira.

A posição da companhia manifestara-se ainda no enorme desconto que suportavam as suas ações na praça de Londres, na impossibilidade de emitir debêntures, e, segundo as palavras do Sr. Heath, em reunião dos acionistas, que eu ouvi, recusando-se os banqueiros a adiantar mais quantia alguma!

Duvidar, pois, que essa empresa representa em tal conjuntura uma ruina financeira, não é possível. Se a casa tivesse suspendido em 1864, seu prejuízo por essa verba não teria excedido de 1,600 a 1,700 contos, em vez de 6,630:000$, hoje comprometidos, os quais, depois dos sucessos que o Brasil agora presencia, se acham arriscados; quando aliás, sendo o direito tão perfeito, não me assaltava o receio de perder parte alguma desse capital, nem mesmo depois da última sentença do Supremo Tribunal de Justiça, que confiscou aos tribunais do Império o direito inalienável de julgar fatos ocorridos no Brasil; pois esse estupendo julgado não ousou tocar no *direito* que tinha a casa Mauá; de reaver o capital *bona fide* empregado na construção da estrada de ferro: — afastou apenas a *sede da apreciação dos fatos*.

Na posição em que hoje me encontro, porém, vencido e abatido em 1875 pela falta de auxílio que todos os interesses que se agrupavam em torno do meu nome aconselhavam, e desmoralizado agora com um procedimento judicial, que nenhum interesse legítimo e honesto consulta, como empreender com vantagens, na Inglaterra, a grande campanha que é necessário arrostar?

XIII

Compreendendo a necessidade de reforçar o capital ativo da casa durante minha estada na Europa em 1864 a 1866, havia eu conseguido uma combinação de amálgama com o London & Brazilian Bank, tendo em vista os sucessos de que fui testemunha em Londres, notavelmente quanto aos ataques a que estavam sujeitas as sociedades anônimas, naquela praça, pelas combinações de agiotagem no Stock Exchange, que eram de tal força que elementos financeiros de grandes proporções caiam aos seus golpes.

Tendo consultado alguns amigos logo após meu regresso, resolvi denunciar a combinação como inconveniente a ambas as partes, o que sendo aceito pela diretoria do banco já referido, ficou sem efeito a organização, bastante adiantada do London, Brazilian & Mauá Bank que fora por mim promovida, como meio de realizar pausadamente os valores concentrados no Banco Mauá C., aproveitando-se os grandes elementos de sucesso que se achavam aglomerados, susceptíveis de criar capital em grande escala, e que permitiam à nova instituição de crédito esperar essa realização, fruindo lucros vantajosos no intervalo.

Regressando da Europa nessa ocasião, coincidiu a minha chegada com o término do prazo legal da primeira sociedade bancária; e então tive de reconhecer que seu capital se achava grandemente deteriorado, em consequência dos descalabros que suportara, pelos sucessos já referidos. E com maior franqueza expus o estado da sociedade aos sócios comanditários

Por outro lado, os negócios sob minha responsabilidade ilimitada, cujas operações se realizavam com vantagem notável, em outras províncias do Império e no exterior, sem ingerência alguma da casa bancária, punham à minha disposição elementos para mostrar o futuro com inteira confiança, e neles se baseava a combinação frustrada.

Meu capital individual elevava-se em 31 de dezembro de 1866 a 8,455:152$000.

Nessa ocasião, dominado por excessivos escrúpulos de consciência, por não terem sido todas as operações da casa bancária realizadas no rigor das estipulações do contrato social (ficando aliás a meu cargo a maior proporção dos prejuízos), fiz aos sócios comanditários uma proposta excepcional. Essa proposta foi, como é sabido, de aglomerar os meus valores bem representados dentro e fora do Brasil, e constituir uma nova sociedade, de cujos benefícios eu desistia, até ficar recomposto o capital perdido da antiga sociedade.

Não fui compreendido, como costuma acontecer às ideias que se afastam da apreciação comum. E até no momento se levantou violenta explosão de má vontade, que (infelizmente para mim) acalmou-se com a apresentação do relatório da comissão de exame, então nomeada.

O parecer dessa comissão reconheceu a boa-fé com que foram conduzidas as operações que findavam, embora não fosse isenta a gestão social das facilidades de que outras instituições de crédito foram vítimas no período decorrido, terminando por aceitar a proposta, pela qual os antigos sócios tinham tudo a ganhar e nada a perder, visto que, como o fato provou, os prejuízos da liquidação final das operações que findavam absorveram o resto do capital social; sendo ainda preciso tornar efetiva a minha responsabilidade solidaria, pelo ingresso de cerca de 400:000$ para saldar todo o passivo da sociedade Mauá, MC. Gregor & C., depois de absorvidos todos os valores reais que restavam pela máxima apreciação em que podiam ser computados, como foi minuciosamente explicado aos interessados em 14 de fevereiro de 1870.

XIV

Infelizmente para mim ideias generosas e excessivamente liberais, atuando sempre em meu ânimo, havia eu declarado desde a primeira apreciação, que a parte do capital considerada readquirida, podia ser retirada em qualquer tempo, existindo na sociedade valores meus que completavam o capital social; e logo em seguida à primeira apreciação, já alguns poucos sócios se apressaram a retirar o terço estimado (que os fatos provaram não existir) e declarada ulteriormente a recomposição de metade do capital perdido, foram afluindo as retiradas, que saiam em bom dinheiro, embora ficassem representadas em verbas da contabilidade os lucros que correspondiam; o fato é que, atualmente existem apenas 1,888:000$ do capital nominal dos antigos sócios, não retirado até 15 de maio de 1875, em que a casa suspendeu seus pagamentos; prova cabal de ter a faculdade largamente usada apesar de que essas retiradas do capital readquirido, não deixavam desfalcado o capital da nova na sociedade, achando-se com representados os dez mil contos, ainda na data da suspensão, com pequena diferença, e tanto que eu me preparava para, no fim desse mesmo ano, entregar os novos títulos comanditários aos sócios restantes, cumprindo assim o meu propósito de trabalhar até isso conseguir.

XV

Não deixou de ser próspera a marcha da nova sociedade, não obstante haver lutado com toda a sorte de contrariedades; pois, constituída em 1 de janeiro de 1867, logo em 31 de maio do ano seguinte sofreu o violento abalo da primeira suspensão de pagamentos em Montevidéu, a que o estabelecimento em geral resistiu com brilho, sem pedir apoio a ninguém, nem na casa central e nem nas províncias, sustentando-se mesmo as outras casas do Rio da Prata, com espanto do mundo financeiro; sendo só depois da segunda suspensão de pagamentos, em 11 de fevereiro de 1869, devida aos atentados praticados pelo governo oriental, já referidos, que mais sério choque sofreu a instituição de crédito. Nessa ocasião algum auxílio a casa obteve do Banco do Brasil, com garantias maiores de toda a exceção, e por quantia comparativamente insignificante, sendo o efeito moral nessa ocasião tremendo; e ainda assim pôde a casa Mauá suportar essa prova de fogo!

Como foi demonstrado ao governo imperial em 12 de outubro de 1873, fazendo eu nessa ocasião novo esforço para obter o seu apoio, indispensável para conseguir a reparação daqueles atentados, a posição da casa em 31 de dezembro de 1867 era altamente vantajosa, pois das entranhas do balanço dessa data (Tabela n. 1) tira-se a limpo o seguinte: que os depósitos da casa a central e de todas as suas filiais eram de 47,703:676$526, a saber: e contas correntes 36,173:940$296 e em letras por dinheiro a prêmio 14,529:736$230, achando-se reduzidos esses depósitos depois daqueles atentados, segundo o balanço de 31 de dezembro de 1869 (Tabela n. 2), a 21,373:705$234, a saber: em contas correntes, 14,860:168$762 em letras por dinheiro a prêmio, 6,513:536$472, perdendo assim o estabelecimento no seu todo depósitos na importância de 26,329:971$292, devido ao violento abalo que o crédito da casa suportou nessa ocasião; ao passo que os auxílios que pode ela conseguir

114

do Banco do Brasil, em sua totalidade, para ajudá-la a fazer frente a tamanha contrariedade elevaram-se apenas a cerca de mil e setecentos contos de que esse banco foi devidamente embolsado, capital e juros; arrancando eu dos recursos do estabelecimento o suficiente para fazer face a tão grande retirada de depósitos!

Os que ficaram, porém, representavam confiança absoluta, pois é claro que quem tinha medo de perder seu dinheiro retirou-o nessa ocasião, em que uma corrida geral se deu sobre todas as filiais; dirigidas, porém, por mim e meus auxiliares de trabalho com tanto acerto as forças da instituição de crédito, ela pôde a tudo resistir.

E a prova mais irrefutável de que a confiança em que ainda se apoiava o Banco Mauá & C. era de uma fortaleza inabalável, deu-se no fato estrondoso e inaudito de ser escolhido esse momento de luta, sem exemplo e sem igual, para ser apresentado à assembleia dos acionistas do Banco do Brasil o parecer de uma comissão de exame de contas, no qual foi a administração do banco duramente censurada por ter feito adiantamentos à casa (com sólidas garantias), sendo ela devedora ao banco de grossa soma a descoberto, que esses adiantamentos, em tal conjuntura, tinham em vista salvar!

Ninguém que conheça o que significa uma instituição de crédito pode desconhecer que essa censura pública devia produzir o efeito de uma sentença de morte contra a casa! e, no entanto, ela resistiu a mais essa prova de fogo, que motivou a retirada dos diretores do Banco do Brasil, sobre quem recaiu a injusta censura, sentindo-se os cavalheiros, que dela faziam parte, ofendidos em seus brios.

XVI

A casa, que representava em 31 de dezembro de 1867 um verdadeiro monumento de crédito, com um ativo de 105,186:879$206, era ainda, depois dos dois choques, um estabelecimento bancário de primeira ordem na América do Sul, que não podia ser por semelhante forma hostilizado, sem que o bom senso e a própria decência fossem postos à margem.

O próprio Banco do Brasil, estabelecido quase ao mesmo tempo, com seus 33,000:000$ de capital realizado, e o grande apoio que lhe foi dado pelos poderes do Estado, tendo-se elevado sua emissão inconvertível a 82,000:000$ quando se achou em frente de dificuldades, só em muito recente data depois de destruídos os elementos de crédito, que não tiveram apoio do governo, pôde obter ingresso de depósitos iguais aos que teve o Banco Mauá e suas filiais em seus dias de prosperidade!

115

Isto, não obstante as enormes contrariedades que suportou, pois os prejuízos levados a debito da conta de lucros e perdas desde 1 de janeiro de 1867 até 18 de junho próximo passado, foram avultados, sem fazer menção dos prejuízos resultantes dos sucessos em Montevidéu, dos quais ficava representada na contabilidade somente a parte que constituía um direito perfeito, sendo aliás meu costume fazer desaparecer dela, no fim de cada semestre, todas as verbas que se tornavam prejudicadas, e, apesar disso, no dia da suspensão aqui (17 de maio de 1875), o capital social não estava desfalcado senão em quantia insignificante, segundo a demonstração feita por peritos insuspeitos (os vogais do próprio Banco do Brasil e do Tesouro Público Nacional).

E o ativo geral da casa elevava-se ainda a 88,075:955$087, depois de deduzidos os 10,000:000$ de capital não realizado, que figuravam na contabilidade, como é de estilo, e o seu passivo geral a cerca de 78,000:000$ (tabela n.3).

XVII

A atitude do governo Varella, na república do Uruguai, foi no seu começo abertamente hostil ao Banco Mauá, devido talvez à sua aspiração de reorganizar as finanças do país sob a base de uma emissão de papel nacional, o que encontrava invencível resistência da parte de todos os elementos sãos daquela sociedade, que viam nisso um abismo insondável, em vez da salvação dos magnos interesses em questão. E, confessar que um país açoitado pela frequência das guerras intestinas, e onde a estabilidade governativa e a força das instituições são problemas a resolver, não podia aceitar o regime do papel-moeda como motor das transações, sem criarem-se os maiores perigos, derivados da impossibilidade de sustentar o valor desse papel, mesmo dentro de certos limites que, uma vez ultrapassados, impossibilitam o uso de semelhante instrumento, que, nesse caso, não pode mais satisfazer aos fins a que é destinado.

Essa hostilidade e a nova revolução, que pôs em campo forças consideráveis para derrubar o governo já reconhecido pelas câmaras, criaram difícil situação à casa, não devida a movimento nos depósitos, pois também os que ali restavam eram de confiança, porém dos portadores das notas, que eram então convertíveis por ouro; e no fim de onze dias de corrida deu-se a última suspensão, depois de esgotados os recursos metálicos que existiam e os que foi possível reunir, indo esses esforços muito longe, por contar eu daqui com recursos que me falharam, sendo obrigado o Banco Mauá, de Montevidéu a solicitar moratória, pois restava ainda na circulação uma forte soma de notas que a lei amparava como crédito privilegiado.

Deram-me os depositantes na república, ainda em número de 1,031, nova e decisiva prova de confiança absoluta, exonerando o banco e aceitando em pagamento títulos de minha única responsabilidade; de sorte que a emissão pôde ser pontualmente recolhida em sua totalidade no prazo de ano, que a lei facultava, apesar do abalo violento que o país suportava nessa ocasião; sendo impossível, em tais circunstâncias, obter a casa recurso algum do exterior, e devendo a falência produzir resultados calamitosos aos interesses gerais dela, se não fosse o golpe desviado pelo apoio que os credores me prestaram.

XVIII

No último período do seu governo a situação Varella chamou a seus conselhos o Dr. Lamas, que me conhecia desde longos anos em que juntos trabalhávamos para a defesa da praça de Montevidéu, sendo essa a política do Brasil, que teve o meu franco, leal e decidido apoio.

Compreendeu esse ministro a necessidade de resolver sem mais demora a grande dificuldade internacional que a questão Mauá envolvia, apoiada, como se achava, em fundamentos inatacáveis, assim no que diz respeito ao direito público internacional, como na mais alta expressão do justo e do honesto, e seguro que em dia, mais ou menos próximo, o governo imperial não deixaria de assumir a posição que lhe competia para obter justiça, desde que as arbitrariedades foram praticadas diretamente pelo governo da república, em contravenção às suas próprias leis.

Além disso, a nova revolução que se dera tornava o governo carecedor de recursos que ninguém lhe fornecia, e o Banco Mauá só o podia fazer mediante a inconvertibilidade de suas notas: nessa base foi colocado o convenio de 26 de outubro de 1874, que deu plena satisfação aos interesses ofendidos pelos benefícios que teriam de resultar do uso dessa emissão, durante o período de 7 anos (estimados), que bastavam para que as contribuições decretadas produzissem o ouro necessário, pagando o governo sua dívida ao banco, o que o habilitaria a abrir a conversão das notas no dia imediato.

As estipulações do convenio não podiam ser mais garantidoras, pois ninguém podia tocar no ouro que se recolhia em deposito, até que se achasse acumulada a soma necessária — sendo o banco por esse acordo indenizado em cerca de 22 mil contos — o que, mesmo tomando em consideração os 11 anos que decorriam, desde que os atentados foram praticados, até a sua definitiva reparação, oferecia compensação adequada, ficando o país dotado de um meio circulante garantidíssimo; pois, além da dívida do governo, em que se acharia representada, em sua totalidade, a acumulação gradual do ouro, tornava infalível a conversão das notas. Este acordo foi realizado mediante anuência e aprovação da legação imperial do Brasil.

Nova revolução, dando, porém, em resultado a queda do governo Varella, e sendo o convênio impopular (por não ser compreendido o seu mérito e alcance), empenhou-se o coronel La-Torre, que substituiu aquele governo, armado com toda a soma de poder público, em rescindi-lo, no que consenti, com ciência e anuência da legação imperial.

A rescisão não podia ser mais vantajosa à república; pois, tomando o governo a si o pagamento das notas do banco, ficou obrigado a uma compensação mínima, visto que com menos de metade da quantia em que importariam os juros, que teria de pagar pela nova dívida, se libertou dela; ficando, porém, em pé a grande reclamação já reconhecida e paga pelas concessões anteriores, que ficaram sem efeito e consequentemente dependendo de acordo ulterior outro modo de ser, satisfeita a indenização pactuada pelo convenio.

XIX

Concluídos esses arranjos, voltei ao Brasil, no propósito de dominar aqui também as contrariedades que as ocorrências em Montevidéu, já referidas, trouxeram, além disso, como em frente era natural, à posição da casa. Encontrei-me, além disso, em frente da crise monetária, que desde janeiro se manifestava, tendo origem na deficiência do meio circulante (visto que nenhuma outra causa, nem antes nem depois de passado o período de sua maior intensidade, fora denunciada). Essa crise se foi manifestando gradualmente e agravando-se, até que, em princípio de maio, seus efeitos ameaçavam um descalabro financeiro, geral em sua ação, o que induziu o poder executivo a propor ao corpo legislativo a lei chamada de auxílio aos bancos. E tão grave era a situação, que muitos dias antes de ser ela votada o ministro da fazenda prestou quantiosos auxílios ao Banco do Brasil e a outras instituições de crédito, que tinham em sua carteira bilhetes do tesouro ou apólices da dívida pública, base adotada pelo governo da época para prestar esses auxílios às instituições de crédito que deles necessitavam; e foram salvos os bancos que possuíam quantidade suficiente desses títulos.

XX

Não há como negar que um governo, que obedece ao jogo regular do mecanismo de instituições, não pode obrar com inteira liberdade de ação nas ocasiões difíceis em que o bem do Estado exige sua intervenção para salvar altos interesses que a presença de uma crise ameaçava comprometer. E só isto explica que, além dos bancos que foram sustentados e amparados deixassem de o ser os que não tinham em sua carteira os títulos privilegiados que serviram para a salvação de outros; pois, achando-se em estado de solvência, como depois se verificou, podiam e deviam ser amparados. Não faltavam ao Banco Nacional documentos que representavam auxílios a três estradas de ferro importantes, Macaé e Campos, S. Paulo e Rio de Janeiro e Leopoldina, bem como a três caminhos de ferro urbanos — Vila Isabel, Cidade de S. Paulo Cidade de Porto Alegre, além de outros que significavam apoio à navegação a vapor, e mais alguns que denunciavam serviços ao progresso do país.

Enquanto ao Banco Alemão, o pagamento realizado de 45% do seu passivo em debentures da estrada de ferro de Sorocaba patenteou a verdadeira causa do seu desastre, pois o seu crédito contra a casa Mauá podia mesmo resolver-se em uma ligação da mais alta importância para ambas as instituições de crédito, se essa casa fosse amparada, como tinha direito de o ser, em presença dos incontestáveis serviços que havia prestado ao país, alguns dos quais ficam ligeiramente notados.

XXI

Em referência ao Banco Mauá, as causas imediatas, que trouxeram a necessidade da suspensão de pagamentos em maio de 1875, tiveram bastante notoriedade pública, tendo na verdade origem nos sucessos do Estado Oriental, já minuciosamente narrados; pois a crise monetária veio apenas provar mais uma vez a confiança dos depositantes do resto das quantias alheias de que a casa se achava de posse; nem aqueles sucessos e nem a crise deram lugar a qualquer sensível manifestação de desconfiança, nem aqui e nem nas províncias, e já eu o disse que o mesmo se dava em Montevidéu, quanto ao resto dos depósitos, que ali só representavam uma quinta parte das somas confiadas ao estabelecimento em anteriores

O auxílio de três mil contos, solicitados do Banco do Brasil sob a garantia de 6,000:000$ em ações da Companhia Pastoril, nessa ocasião, era exclusivamente destinado a remeter a Londres, para pagar o saldo dos saques da casa e suas filiais que circulavam naquela praça, entre os quais £70.000 a favor do governo argentino.

Uma vez pagas essas cambiais, deixariam o crédito da firma, mais que nunca, altamente colocado na Europa; pois com razão se diria que uma casa, que fazia frente aos seus avultados compromissos, depois dos extraordinários sucessos em Montevidéu e da crise monetária no Brasil, estava acima de todas as eventualidades.

O rigor dos estatutos do Banco do Brasil não permitiu o auxílio solicitado, e tive de pedir a moratória, que ficou assegurada pelo parecer dos peritos, quanto à solvência da casa (vogais do Banco do Brasil e do Tesouro Público Nacional). Desde então, não obstante, dei por finda a minha carreira financeira, pois não podiam ocultar-se-me as consequências do desastre.

XXII

Tive de aceitar essa concessão na forma em que ela foi proposta e votada, só e exclusivamente porque ela consultava os interesses dos credores, pois a enormidade dos créditos garantidos que não constituíam dívidas exigíveis, porém em sua maior parte elementos de lucro para a casa, visto como representavam empregos que davam lucro superior aos juros, desde que a falência os tornasse exigíveis e realizados pelo modo obrigatório que semelhante estado determinava, a consequência inevitável seria um aumento considerável nos créditos quirografários, devido aos prejuízos inesperados e desnecessários que resultariam da venda forçada desses valores afetados ao pagamento de créditos, que constituíam contas de movimento nas transações da casa.

Com efeito, as liquidações realizadas segundo o balanço geral de 31 de maio último, mostram as avultadas somas pagas, aumentadas ainda até 18 de junho pela venda de títulos caucionados, de sorte que nos três anos da moratória as somas efetivamente eliminadas da contabilidade elevaram mais de 50,000:000$000. (Tabela n. 4.)

Uma liquidação tão adiantada, que sem tropeços pôde levar-se a esse ponto, no interesse, sobretudo, dos credores quirografários, deixava provada só por si a grande conveniência de não ser interrompida a sua marcha; e daí os esforços por mim empregados para que, ouvida a opinião dos credores, ficassem assentados, sem intervenção judiciária, o modo e forma de ultimar-se a liquidação, providência reclamada do poder executivo, por se tratar de um caso de que não cogitou a defeituosa lei comercial existente.

Com efeito, o dilema tem duas pontas agudas — ou o poder executivo cometeu atentados em épocas anteriores, violando as leis, e nesse caso os ministros deviam ser responsabilizados; ou o poder competente reconheceu que, sendo a lei omissa, competia e devia o poder executivo providenciar em casos tais, enquanto legislação apropriada não fosse decretada.

Tal era a situação dos bancos em liquidação ao terminar o prazo de suas chamadas moratórias, manifestamente insuficiente para uma liquidação; e tanto, que nenhum banco do mundo se liquidou jamais em semelhante prazo. Endereçaram, pois, os bancos a súplica ao poder executivo, pedindo, em última análise, que os únicos interessados (credores) determinassem o modo e forma de continuarem as liquidações, ou aquilo mesmo que a legislação tem o dever de estatuir; pois é direito natural que a lei não pode contrariar, sem se tornar indigna de um povo civilizado.

O governo, porém, declarou-se incompetente, e entregou os bancos ao processo da falência que a lei omissa estabelece, para a execução da qual, quanto mais inteligente e honesto for o juiz, tanto mais necessidade terá de saltar por cima de suas disposições!

XXIII

Tal é a posição em que me encontro e que motiva esta exposição.

O fato era para mim inesperado até à véspera do dia em que a resolução foi tomada; pois, do contrário, me teria posto em campo, e não creio que deixasse de obter dos credores do Banco Mauá & C., no Brasil, não a prova absoluta de confiança que me deram duas vezes os credores da filial de Montevidéu (pois tanto lhes não pedia), porém coisa muito menor, pois limitava se minha pretensão a que eles mesmos, só por si, consultando o que melhor conviesse aos seus interesses, resolvessem como entendessem, evitando-se um processo inútil para o fim de que a lei tem em vista, e prejudicial a todos os interesses legítimos; e a mim apenas poupando-me o vexame, pois quanto a salvar a mínima parte de quaisquer valores meus, desde que fossem necessários ao pagamento de obrigações da firma, que levava a minha responsabilidade solidaria, ninguém ousará macular-me a esse ponto.

A contabilidade da casa, depois da suspensão, oferece prova das mais concludentes que essa ideia jamais me atravessou a mente, pois sendo certo que moviam-se em conta corrente de juros recíprocos algumas transações forçadas em meu nome individual, e sendo eu devedor nessa conta corrente em 15 de maio de 1875, por 137:542$742, o balanço que serviu de base à abertura da falência me mostra credor 1,009623$354, além dos 8,112:000$, meus, representados no capital social, determinada essa mudança pela realização dos meus valores particulares, que não estavam, nem jamais estiveram, na contabilidade da casa, e que existiam principalmente em Londres, em títulos de renda, valores em que a jurisdição dos tribunais do Império não podia tocar, e por tanto seu voluntario ingresso na contabilidade pela venda desses títulos, a que mandei imediatamente proceder, prova exuberantemente que eu não abrigava a ideia de salvar parte alguma de meus haveres e que só, no interesse dos credores da casa, procurava conseguir uma liquidação em que deixasse de aparecer a intervenção judiciária.

XXIV

Resta-me resumir as causas de tão deplorável sucesso, que, eu não posso deixar de acreditar, foi recebido com mágoa em todo o Brasil, e mesmo em mais de uma localidade no exterior; pois seria ingratidão da minha parte desconhecer que grande é o número dos que me fazem justiça, dentro e fora do país.

A causa primordial, embora remota, do desastre foi sem dúvida, a intervenção indébita do poder executivo na organização da sociedade bancária, fazendo baixar um decreto, a que deu efeito retroativo, que anulou o registro da sociedade, obrigando-a a constituir-se de um modo diverso do que fora por mim contemplado, impedindo-me o fato de prover aos meios de sua maior segurança e garantia no futuro.

A segunda causa, atribui-a a leis financeiras, que hoje encontram geral reprovação, que excluem a iniciativa individual, deixando entregue, não só a ação do crédito, porém mesmo a do capital, desde que este se aglomera, a uma rigorosa tutela governativa.

A terceira causa (lamento profundamente ter de enumerá-la) assenta em algumas decisões injustas dos tribunais do meu país, sem dúvida por equivocadas apreciações. A primeira dessas decisões, que me espantou, foi na questão da falência Astley Wilson & C. As transações da casa bancária com essa firma foram todas baseadas na garantia de letras e contas assinadas com endosso perfeito, depositadas em conta corrente, contra as quais os devedores passavam cheques pelas somas que suas transações exigiam. Falindo os devedores, cobrou a casa os títulos de que estava de posse até à importância dos seus adiantamentos, e entregou o saldo aos administradores da massa.

Acreditara alguém que uma sentença passada em julgado, dada pelo Tribunal da Comércio da capital do Império, veio confiscar a casa parte desses adiantamentos! Pois o fato deu-se! Ainda mais, a injustiça era de tal ordem, que os últimos recursos foram tentados. O Supremo Tribunal de Justiça, por unanimidade de votos, fulminou essa sentença, por injustiça notória, e nulidade manifesta, e submetida a novo julgamento na Bahia, em conformidade da jurisprudência do Brasil, a decisão foi ali empatada, pois a parte contraria esgotou o último esforço para vencer, sem poder eu jamais atinar com a causa de semelhante capricho; o fato é que o único voto de desempate, do presidente do tribunal da Bahia anulou o voto unânime do Supremo Tribunal de Justiça, e o Banco Mauá perdeu a causa!

Será sensato este regime judiciário?

Não tenho eu o direito de dizer, com a sentença do mais alto tribunal judiciário do Império na mão, que essa sentença desapossou a casa Mauá de um capital que legitimamente lhe pertencia?

XXV

Outra decisão ainda mais estrondosa é a que vou mencionar. Por conselho e instâncias do advogado da casa, fez ela um empréstimo avultado, sob hipoteca de bens de raiz suficientes, empréstimo que fornecia os meios, a quem recebia o dinheiro, de acabar com muitas demandas, e tranquilizava-o na posse das sobras de uma grande herança que essas demandas absorviam.

Decorridos alguns anos, tornou-se patente que o devedor não queria consentir na venda amigável dos prédios pelos melhores preços que fosse possível obter-se (ideia capital que predominou quando o empréstimo foi feito).

Foi preciso acionar a hipoteca, e o advogado da casa, considerado então o primeiro jurisconsulto do Império, propôs a ação, vencendo uma série interminável de chicanas, e afinal foi a maior parte dos bens levados à praça, arrematados, e embolsada a casa de dois terços do que lhe era devido (no fim de cerca de oito anos), e propunha-se a continuar a execução no resto dos bens, que montavam ainda a muitos centos de contos de réis.

No entanto, o devedor teve quem lhe aconselhasse mais um recurso de chicana: propôs, em nome de sua mulher, ação de nulidade, por incompetência de juízo! Salta aos olhos que a casa Mauá não podia intervir na marcha de um processo entregue a um jurisconsulto de tamanho vulto e nomeada na profissão.

No entanto, o devedor, não se tendo declarado comerciante, havia tido a cautela de registrar sua mulher como negociante matriculada.

O advogado a que me refiro propôs a ação pelo juízo que lhe pareceu o competente, sendo o devedor e sua mulher citados para todos os efeitos da causa.

Obtida a sentença e feita a execução já referida na maior parte dos bens, apareceu a tal ação de nulidade que foi acolhida!...

Exposição aos Credores e ao Público

O advogado da casa tratou logo de propor a ação pelo outro juízo; não sei ainda qual é o competente (os jurisconsultos que o digam), e foi desta vez tão rápido o andamento, que sentenças para mais de 3,000:000$ se achavam obtidas, e tratava-se de fazer execução nos direitos, quanto aos bens arrematados e prosseguir a execução nos outros bens.

Inopinadamente apresenta-se no escritório do Banco Mauá um mandado de penhora, obtido por recurso de agravo interposto perante o presidente do Tribunal do Comércio pelo advogado do devedor, por 2,400:000$!... Achava-me eu em Montevidéu, lutando com energia inexcedível contra o governo e os elementos que me eram hostis, durante a primeira crise quando este sucesso se deu, e fui chamado à toda a pressa, apesar das circunstâncias graves que a filial ali atravessava — o que aumentava enormemente as dificuldades com que aqui lutavam os encarregados da gerencia da casa.

Chegando aqui sem demora, tive de ficar aturdido com a situação em que esse mandado de penhora colocava a casa: ao princípio, pareceu-me cousa simples: — pois, se temos sentenças contra esse pretendido credor por muito maior quantia nada mais fácil do que fazer frente a inaudita trica judiciária, entregando à penhora essas mesmas sentenças, que constituem nosso direito já reconhecido pelos tribunais.

Consultados, porém, não só advogados do foro, porém, outros jurisconsultos da mais elevada esfera, foram todos unânimes que não havia outro recurso, se não segurar o juízo, e que a parte tinha o direito de escolher o mais bem parado da carteira do Banco, sendo isso impossível de realizar-se na ocasião.

Nesta conjuntura aparece-me o advogado da parte e declara-me que seu constituinte contentava-se que a casa bancária renunciasse, por uma escritura pública, os direitos e ações que lhe restavam, de continuar a execução e cobrar o saldo da importância a que as sentenças nos davam direito! Compreendi tudo!

O mandado era um bacamarte de que estava de posse o advogado do devedor contra o seu credor, para obrigá-lo a uma composição! Se o viajor encontra na estrada um salteador e este lhe exige a bolsa, de arma apontada, entrega-a sem hesitação; que outra coisa podia fazer a casa bancária em idênticas circunstâncias?

O prejuízo da casa, devido aos dez anos de chicana e a composição forçada que a cobrança de um crédito hipotecário lhe acarretou, foi avultadíssimo; de capital e juros elevou-se a mais de dois mil contos!

XXVI

Tratarei agora de um outro julgado de ruidosa notoriedade pública. É sabido que a companhia da estrada de Santos a Jundiaí impugnou o pagamento das quantias por minha ordem adiantadas para a construção dessa estrada, escudando-se em uma série de atos preparados com reconhecida e provada má-fé.

Demandei-a perante os tribunais do país. Desde o começo todo o empenho dos que representavam essa empresa foi desviar o julgamento dos tribunais do Império, tendo ajeitado na Inglaterra, por meio de contratos fraudulentos com seus empreiteiros, a minha incompetência para demandá-la em Londres! O ferro em brasa dos fatos a matava, em qualquer parte onde a discussão destes pudesse ter lugar.

Levou dez anos essa companhia a impugnar o direito de ser acionada no Brasil, usando de todos os recursos que a chicana forense permite. O art. 26 do contrato, que lhe foi transferido, era claríssimo: ela devia responder perante o governo e autoridades do Brasil pelos atos que lhe fossem relativos, praticados no Brasil. E quando não existisse semelhante estipulação, tratava-se de um direito inalienável, que assenta em direito público reconhecido e aceito por todas as nações civilizadas — a jurisdição territorial, — de que nem mesmo uma lei podia despojar os tribunais do Império, sob pena de abdicar por essa lei o país os foros de nação independente!

Duas vezes, depois de intermináveis chicanas, foi essa questão levada ao supremo tribunal de justiça, nesse mesmo terreno. Da primeira vez, a sentença de agosto de 1869 fulminou a pretensão inglesa nos termos os mais explícitos; jamais sentença alguma do Supremo tribunal de justiça se fundou em jurisprudência mais sã e de mais irresistível procedência, e a decisão foi tomada por unanimidade de votos.

Fundando-me nesse julgado, foi nova demanda intentada contra a companhia, que, seguindo seu curso depois da sentença a meu favor na primeira instância (única que entrou no mérito da questão), continuou a companhia a resistir ao julgamento no terreno dos fatos; pois bem sabia que estes a levavam de vencida em todos os terrenos, deixando-a sem fundamento algum razoável em que apoiar-se. A exceção, e sempre a exceção, de não poderem ser julgados no Brasil fatos ocorridos no Brasil foi a sua defesa. E o certo é que o tribunal de 2ª instância em S Paulo aceitou a monstruosa doutrina! Levada a questão no mesmíssimo terreno em que já fora julgada pelo Supremo tribunal de justiça, não me deu o fato o menor cuidado, pois parecia-me evidente que o tribunal não podia mais tomar conhecimento da exceção, já sentenciada: sendo as decisões do Supremo tribunal de justiça irrevogáveis, não podia eu conceber a possibilidade de uma solução contrária, e até presumia que o Supremo tribunal se não contentaria com declarar nula a sentença da relação de S. Paulo, — que julgava contra a sua decisão, em oposição manifesta à legislação do país; acreditei que mandaria, além disso, responsabilizar essa relação, que desacatava a sua autoridade, sendo o bom direito da casa Mauá levado a última evidência pelo ilustrado advogado, que fez profundo estudo da questão, o Dr. Laffayette Rodrigues Pereira, hoje ministro da justiça.

Com assombro do Brasil, o Supremo tribunal de justiça aceitou a inqualificável doutrina da relação de S. Paulo, o que importava declarar incompetentes os tribunais do Império, em contradição manifesta com o seu primeiro julgado sobre o mesmíssimo ponto em 1869, sentença que firmará um direito e o princípio em que ele assentava.

Temos, pois, duas decisões sobre a mesmíssima questão, uma em data anterior, por unanimidade de votos; outra em 1811, por simples maioria de votos, — uma diz não, outra diz sim; a verdade não pode existir em ambos os julgados: — qual dos dois é valido? É a questão que submeterei brevemente à consideração do corpo legislativo, que simboliza a mais alta expressão da delegação da soberania nacional.

Uma questão que envolve um princípio fundamental de direito público, que afeta a soberania e independência do Brasil, não pode ser resolvida por julgados que se contradizem manifestamente, e não parece razoável que uma sentença por maioria de votos revogue outra sentença do mesmo tribunal, por unanimidade, quando, sendo o assunto o mesmo, a decisão anterior é pela lei irrevogável! Jamais assunto de igual importância terá sido levado à consideração dos elementos pessoais que representam o poder legislativo da nação.

O primeiro dever dos poderes públicos, que constituem a organização social de qualquer país, é garantir a distribuição da mais reta e imparcial justiça. Sem isso a propriedade e os direitos individuais dos habitantes, que acreditam viver à sombra de instituições, não estão garantidos, e a existência da própria organização social adotada corre perigo iminente.

XXVII

A quarta causa concorrente do desastre teve ainda origem na minha desgraçada intervenção para dotar a província de S. Paulo com a estrada de ferro de Santos a Jundiaí, devida à descrença com que a província acolheu a introdução desse grande melhoramento, manifestada na pretensão pouco sensata de fazer construir uma estrada de simples rodagem paralela a essa estrada de ferro.

À primeira vista parece inexplicável como semelhante fato pôde influir nos destinos da casa Mauá; nada, porém, mais simples, nem de mais fácil demonstração. Os empreiteiros da estrada de ferro, acolhendo as minhas instigações, tinham, nessa ocasião, um pessoal enorme empregado em tal construção. A obra em concorrência, por conta da província, elevou desde logo o preço do trabalho, ou o aluguel dos braços, na razão de 600 a 800 réis por dia para cada trabalhador, o que aumentou o custo da estrada de ferro nos quatro anos que ainda decorreram, até ela ficar pronta ou suficientemente adiantada, em mais de dois mil contos; e como, em consequência dos fatos já largamente explicados, ficou a cargo das finanças da casa Mauá o excesso na construção dessa via férrea, é claro a todas as luzes, que, acumulados os juros de 6 em 6 meses sobre o capital por essa forma despendido, devido àquela intervenção dos poderes públicos da província, eleva-se a soma total a uma cifra que sobrava para impedir o desastre.

XXVIII

A quinta causa do infortúnio (embora a primeira para produzir as consequências imediatas do sucesso que se deu em maio de 1875) foram as ocorrências na república do Uruguai já minuciosamente descritas nesta exposição, avultando entre elas, e acima de todas, a intervenção das armas do Brasil no fim de 1864 a favor da revolução que estalara naquele país, no começo de 1863, pois da vitória da revolução, que só era possível mediante essa intervenção, nasceram ulteriormente todas as calamidades que vieram perturbar a marcha das instituições de crédito, que giravam sob meu nome e responsabilidade, cuja posição eu havia conseguido elevar a uma altura que ombreava com as primeiras do mundo financeiro.

E em seguida a falta de proteção eficaz por parte do governo imperial, mesmo depois de averiguado ter havido reconhecida e provada denegação de justiça nos atos praticados pelo governo oriental, deu lugar a que a indenização reclamada deixasse de ser atendida, em oportunidade; sendo certo que em qualquer tempo obtida, durante os primeiros 5 anos depois que os atentados foram praticados, teria o fato posto a casa Mauá a coberto de todas as eventualidades.

A sexta causa do desastre teve sem dúvida origem nas transações que trouxeram uma censura pública em sessão da assembleia geral dos acionistas do Banco do Brasil à sua administração.

Que a casa Mauá, dentro e fora do país, usava de crédito em larga escala nessa ocasião, a enormidade de suas transações prova-o concludentemente.

Semelhante golpe contra o crédito da casa, desfechado em um momento crítico, não seria bastante para derribar a qualquer outra instituição de crédito?

Dessa severidade nasceram as exigências que encerram a escritura da hipoteca de 28 de janeiro de 1870, imposta pela nova diretoria em referência ao débito original da casa Mauá engrossado com os juros acumulados na razão de 9% ao ano, desde 10 de setembro de 1864, que sucessivos pagamentos por conta, desde aquela data, não puderam amortizar senão em parte.

Os termos dessa escritura envolviam descrédito para a casa Mauá, e, cumpre-me confessar, não deviam ter sido aceitos, sendo mil vezes preferível a suspensão nessa ocasião. — Subsistente, porém, a reclamação oriental; colocada no melhor pé e amparada a reclamação contra a companhia da Estrada de ferro de S. Paulo pela então recente decisão do supremo tribunal de justiça, de agosto de 1869, parecia insensato deixar de aceitar essa imposição, que dava tempo para recolher esses dois créditos, o que punha a casa a coberto de todas as contrariedades — Esta é a minha defesa em ter aceitado semelhantes condições.

A diminuição de juros, pois nessa ocasião obtida, não era uma compensação adequada, pois o excesso de juros pagos pela casa Mauá até aquela data, em suas transações com o Banco do Brasil, representava algarismo não inferior a 5,000 contos.

A tabela. n. 5 mostra as transações havidas com o Banco do Brasil somente desde 10 de setembro de 1864 em diante, sem falar nas letras redescontadas, que foram sempre regularmente pagas.

Deixar de mencionar o excesso de juros pagos como uma das causas do desfalque nos cabedais da casa Mauá no seu todo, não era possível; sendo, aliás, certo que, depois que esse banco ficou organizado, a taxa de juros elevou-se 2 % acima do que pagavam durante os 15 anos anteriores os interesses que, em bem do país, usam de crédito para alargar a esfera de suas operações, que são susceptíveis de maior desenvolvimento, se encontram dinheiro a juro modico, restringindo necessariamente, se esse elemento lhes falta, ou tem de pagar pelo seu uso aluguel demasiado caro.

As opiniões dividem-se a este respeito, havendo quem sustente o contrário, isto é, que o capital deve conseguir a mais alta remuneração, o que eu sempre entendi só pode dar-se em detrimento dos outros elementos que concorrem para a criação da riqueza. Não é uma censura que faço aos que pensam e agem em sentido contrário. Na hora, porém, em que sou forçado a explicar as causas de um grande infortúnio, não podia deixar de apontar esta como uma das que influíram.

XXXI

Chego à conclusão:

Em 15 de maio de 1875 — os três bancos, que suspenderam, se achavam no caso de ser auxiliados, pois os pareceres dos peritos nomeados para examinar as respectivas contabilidades reconheceram o estado de solvência. E se se trata de serviços ao país, descontar bilhetes do tesouro, ou empregar dinheiro em apólices, não valem mais do que os de outra ordem, que foram prestados pelos bancos cuja sorte foi abandonada.

Quanto à casa Mauá, o auxilio pedido a teria salvado — os três mil contos, como já observei, eram necessários, não para satisfazer a exigências dos depositantes, que em parte alguma se davam, porém, para completar o pagamento de todos os saques próximos a vencer-se em Londres, onde circulavam poucos meses antes cerca de $ 1,200,000 — capital vantajosamente utilizado deste lado.

Esse movimento era uso do crédito legítimo empregado para produzir bons lucros.

Vencida essa crise, o mecanismo financeiro que concentrava tão formidáveis elementos de sucesso se acharia mais que nunca restaurado, e, portanto, em estado de produzir.

Não podendo obter apoio, veio a moratória, que aceitei, só e exclusivamente no interesse dos credores da casa Mauá, pois a um homem pratico como sou, não se podia esconder que a liquidação de oitenta e oito mil contos de créditos e valores, achando-se uma grande soma representada em imobilizações em vários países, não podia deixar de absorver muito maior sobra do que a representada no capital social, que o excesso entre o ativo e o passivo patenteava.

Desde que se tratava de uma liquidação, maior prazo para esse fim era o que a lógica dos fatos indeclinavelmente exigia, e a vontade dos credores a respeito era a única coisa que podia razoavelmente ser consultada. A falência significava apenas torcer o punhal, que me haviam cravado no coração em 17 de maio de 1875, para que a dor fosse mais funda. Foi isso o que se preferiu!

O procedimento é até enigmático, desde que nem uma só vez, em época alguma anterior, fora a lei (reconhecida inexequível) por semelhante forma aplicada para instituições de crédito, nem de caráter exclusivamente particular. Destruída a fortuna, abatido o nome que mais queriam os meus perseguidores durante os longos anos que terminam agora! Meu único crime foi trabalhar muito tendo sempre por norte — fazer algum bem.

Muito de propósito, deixei passar sem reparo nesta exposição os serviços prestados pelo Banco Mauá & C. à República Argentina, posto que de algum vulto; sendo certo que durante 18 anos exerceu essa instituição de crédito influência pronunciada na marcha financeira desse país, concentrando e realizando operações de grande vulto, sem que infelizmente o mínimo benefício resultasse à instituição de crédito quer do emprego do capital próprio, quer do alheio, que lhe foi confiado em grande escala. Sendo os prejuízos ali suportados em excesso dos lucros havidos.

Fazer baquear uma instituição de crédito, que se achava em estado de solvência e que fazia sentir os benefícios de sua ação vivificadora por toda a parte onde as circunstâncias a chamaram, não parece a solução justa destinada a um lidar contínuo, animado sempre dos mais altos propósitos.

XXXII

Quanto a vós, credores do Banco Mauá & C., acreditai que a dor pungente, que me dilacera a alma, nasce de ter sido causa involuntária do prejuízo que a liquidação pode acarretar-vos: minorar esse prejuízo é o único pensamento que me preocupa, e modera a violência de meu sofrimento moral a possibilidade de vos poder ser útil.

No longo período da minha vida ativa tive ocasião de fazer suportar o transe doloroso que me fazem atravessar a centenas de indivíduos e a inumeráveis firmas comerciais, dentro e fora do Brasil; no entanto, nem uma única falência foi aberta a requerimento de qualquer das firmas que levaram meu nome à sua frente.

São incontáveis os atos de benevolência e proteção dispensados a indivíduos e a interesses legítimos durante o longo período, quer praticados pessoalmente ou por ordem minha; ao passo que, salvas as simpatias individuais, que ainda me rodeiam, pelas quais sou grato aos meus amigos, os sucessos de verdadeira força maior que ficam narrados, que interpuseram sua influência para abater-me, fizeram-me tragar a última gota do cálice da amargura.

Não é um desabafo, é um gemido que esta exposição encerra, e o gemer é privilégio de quem sofre: pretender negar que sofro, e muito, seria faltar à verdade.

Só me resta fazer votos para que no meio século, que se segue, encontre o meu país quem se ocupe dos melhoramentos materiais da nossa terra com a mesma fervorosa dedicação e desinteresse (digam o que quiserem os maldizentes) que acompanhou os meus atos durante um período não menos longo, serviço que tiveram em recompensa um procedimento desnecessário, pois esse fato da intervenção do poder judiciário só pode dar-se porque a legislação insuficiente que possuímos a respeito dos interesses monetários desconhece o verdadeiro princípio em que se assentam esses interesses: a liberdade das convenções.

E oxalá que nas reformas, que se apregoam como necessárias ao bem-estar social de nossa pátria, não se esqueçam os que se acharem à frente da governança do Estado, que o trabalho e interesses econômicos do país são mais que muito dignos da proteção e amparo a quem têm direito.

Pela parte que me toca, fui vencido, mas não convencido.

Anexos

Tabela Nº 1

Resumo dos balanços das casas Mauá & C. em 31 de dezembro de 1867, compreendendo a casa matriz e todas as suas filiais.

Ativo

Quinhões a emitir	10.000:000$000
Liquidações de Mauá, Mac. Gregor & C	6.394:689$238
Fundos públicos e ações	17.634:090$978
Imóveis	12.731:247$380
Contas correntes	26.424:554$414
Letras a receber	9.158:298$623
Casas filiais	15.988:216$394
Diversos valores	3.646:475$889
Caixa	13.209:306$290
	115.186:879$206

Passivo

Capital	20.000:000$000
Fundo de reserva	1.874:249$991
Lucros e perdas	1.250:174$725
Emissão nas Repúblicas Oriental e Argentina	10.579:212$511
Contas correntes	36.173:940$296
Letras por dinheiro a prêmio	11.529:736$230
Letras a pagar	10.518:666$480
Casas filiais	20.248:973$272
Diversos valores	3.011:925$701
	115.186:879$206

Tabela Nº 2

Resumo dos balanços das casas Mauá & C. em 31 de dezembro de 1869, compreendendo a casa matriz e todas as suas filiais.

Ativo

Quinhões a emitir	10.000:000$000
Fundo comanditado	6.000:000$000
Fundos públicos e ações de companhias	9.934:359$065
Propriedades territoriais	10.005:273$120
Contas correntes	17.249:181$193
Letras a receber	7.261:760$669
Casas filiais	14.773:924$151
Diversos valores	2.844:403$162
Caixa	2.860:515$976
	80.929:417$336

Passivo

Capital	20.000:000$000
Fundo de reserva	1.109:343$870
Lucros e perdas	3.110:467$846
Emissão na República Argentina	276:080$200
Contas correntes	14.860:168$762
Letras por dinheiro a prêmio	6.513:536$472
Letras a pagar	16.216:971$864
Casas filiais	16.279:450$039
Diversos valores	2.563:398$283
	80.929:417$336

Tabela Nº 3

Resumo dos balanços das casas Mauá & C. em maio de 1875,
data da suspensão de pagamentos.

Ativo

Quinhões a emitir	10.000:000$000
Fundos públicos e ações	16.072:416$060
Imóveis	5.262:139$504
Contas correntes	26.413:586$929
Letras a receber	2.720:033$086
Letras descontadas	3.680:647$674
Títulos em liquidação	2.573:744$627
Casas filiais	21.196:228$842
Escritório e mobília	94:120$980
Despesas gerais	204:635$862
Juros	298:497$323
Reclamação contra o Governo Oriental	3.792:168$000
Caixa	4.143:442$171
Lucros e perdas	1.624:294$029
	98.075:955$087

Passivo

Capital	20.000:000$000
Lucros e perdas	2.489:154$301
Fundo de amortização	69:456$659
Emissão	5.174:000$000
Contas correntes	35.619:124$206
Letras a pagar	7.956:868$352
Letras por dinheiro a prêmio	4.245:759$019
Casas filiais	21.763:596$460
Descontos	757:996$090
	98.075:955$087

Tabela Nº 4
Resumo dos balanços das casas Mauá & C. na data da suspensão de pagamentos e na da falência.

Ativo

	Data da suspensão	Data da falência
Quinhões a emitir	10.000:000$000	
Fundos públicos e ações	16.072:416$060	8.855:082$866
Imóveis	5.262:139$504	2.159:632$935
Contas correntes	26.413:586$929	10.945:432$181
Letras a receber	2.720:033$086	373:472$712
Letras descontadas	3.680:647$674	178:980$335
Títulos em liquidação	2.573:744$627	1.218:391$853
Casas filiais	21.196:228$842	2.448:689$973
Escritório e mobília	94:120$980	17:886$216
Despesas gerais	204:635$862	72:584$695
Juros	298:497$323	92:449$445
Reclamação contra o Governo Oriental	3.792:168$000	
Caixa	4.143:442$171	16:468$062
Lucros e perdas	1.624:294$029	974:115$547
Liquidação de Mauá & C. (Montevid.)		10.562:712$001
	98.075:955$087	37.915:898$821

Tabela Nº 4 (continuação)

Passivo

	Data da suspensão	Data da falência
Capital	20.000:000$000	10.000:000$000
Fundo de amortização	69:456$659	
Lucros suspensos	2.489:154$301	63:414$137
Emissão	5.174:000$000	
Contas correntes	35.619:124$206	20.992:140$545
Letras a pagar	7.956:868$352	857:339$940
Letras por dinheiro a prêmio	4.245:759$019	2.354:645$284
Recâmbios		550:874$480
Casas filiais	21.763:596$460	3.094:143$527
Descontos	757:996$090	3:340$908
	98.075:955$087	37.915:898$821

Resumo

Na data da suspensão	98.075:955$087
Na data da falência	37.915:898$821
Diferença para menos	60.160:056$266

Desta quantia, 10.000:000$000 representam a importância de quinhões a emitir eliminada em 31 de dezembro próximo passado, sendo, portanto, 50.160:056$266 a soma dos valores liquidados desde a data da suspensão.

Tabela N° 5

Notas das quantias pagas ao Banco do Brasil pelo Visconde de Mauá e Mauá & C., de 10 de setembro de 1864 a 18 de junho de 1878.

Abreviações

Operações

Letras a pagar de 10 de setembro de 1864 a 6 de dezembro de 1866	**(a)**
Ditas a pagar de 6 de dezembro de 1866 a 5 de dezembro de 1868	**(b)**
Hipoteca de 23 de fevereiro de 1870	**(c)**
Caução de letras de Santos	**(d)**
Dita de 10.000 ações da Amazon Steam Navigation Company	**(e)**
Dita de 800 ações da mesma companhia	**(f)**
Dita de 102 apólices da dívida do Pará	**(g)**
Dita de letras do tesouro	**(h)**
Dita de letras	**(i)**
Dita de cambiais, £ 50.000.0.0 Stg.	**(j)**
Dita de cambiais, £ 78.601.15.0 Stg. e 21.000 soberanos	**(k)**
Dita de 121.000 soberanos	**(l)**
Dita de 328.000 soberanos	**(m)**
Hipoteca de 8 de maio de 1869	**(n)**
Dita de 24 de julho de 1869	**(o)**
Dita de 23 de setembro de 1869	**(p)**

Tabela Nº 5 (continuação)

Operações

	CAPITAL		JUROS	TOTAL
(a)	8.400:000$000		1.570:024$917	1.570:024$917
(b)	9.000:000$000	1.000:000$000	1.879:953$130	2.879:953$130
(c)	8.652:600$816	3.087:450$906	1.936:099$614	5.023:550$520
(d)	1.000:000$000	684:599$430	174:973$820	859:573$250
(e)	1.635:000$000	1.635:000$000	1.092:029$314	2.727:029$314
(f)	120:000$000	120:000$000	34:382$110	154:382$110
(g)	77:000$000	77:000$000	21:555$800	98:555$800
(h)	1.000:000$000	1.000:000$000	196:148$690	1.196:148$690
(i)	460:000$000	460:000$000	4:664$720	464:664$720
(j)	445:000$000	445:000$000	23:084$520	468:084$520
(k)	916:336$100	916:336$100	37:084$510	953:420$610
(l)	1.075:690$000	1.075:690$000	11:981$450	1.087:671$450
(m)	4.151:421$886	4.151:421$886	192:495$880	4.343:917$766
(n)	720:000$000	720:000$000	166:231$063	886:231$063
(o)	400:000$000	400:000$000	56:673$258	456:673$258
(p)	600:000$000	600:000$000	164:791$470	764:791$470
		16.372:498$322	7.562:174$266	23.934:672$588

Nota

Débito atual ao Banco do Brasil	5.565:150$910
Saldo da hipoteca de 23 de fevereiro de 1870	315:400$570
Saldo da canção de letras de Santos	5.880:551$480

Made in the USA
Columbia, SC
18 April 2024

3def23d0-42df-4a19-b4cf-54086dda42d1R01